매스플레이

서바이벌 수학 게임

② 노멀 스테이지에서 살아남기

이승남 기획 · 조인하 글 · 김이랑 그림

산하

차례

주인공들을 소개할게요! 6

제1장
일대일 대결에서 승리하라! 8
 수리안의 개념 쏙쏙: 곱셈과 나눗셈 ... 30

제2장
김나운과의 갈등 34
 수리안의 개념 쏙쏙: 분수의 덧셈 ... 58

제3장

놀이공원에서 빙고 게임 _ _ _ _ _ 62

 수리안의 개념 쏙쏙: 다각형의 둘레와 넓이 _ _ _ 76

제4장

최종 승자는? _ _ _ _ _ 80

 수리안의 개념 쏙쏙: 비와 비율 _ _ _ 104

주인공들을 소개할게요!

수학을 잘하고 창의력과 추리력이 뛰어나서 남들이 보지 못하는 점을 잘 파악해요. 키가 작고 안경을 꼈지요. 소심한 성격에 쓸데없는 걱정이 많아 혼잣말을 잘하고 줄임말을 자주 사용해요. 수학 게임에 참여하면서 점점 적극적인 성격으로 변한답니다.

수학적 재능이 뛰어나요. 체격이 크고 힘이 세지요. 수리안과 한 팀이 되어 수학 게임을 하면서 친구가 돼요. 사교성이 좋아서 수리안과 김나운 사이에서 중재하는 역할을 하지요. 성격이 급해서 가끔 실수를 한답니다. 하지만 수학 게임에 참여하면서 인내심을 키우게 돼요.

김나운

키가 크고 잘생겼으며 공부도 잘해요. 고지식하고 정해진 규칙에서 벗어나는 것을 싫어하는 바람에 수리안과 갈등을 겪지요. 그러나 중요한 순간에 리더십을 발휘해서 아이들을 이끌기도 한답니다. 수리안과 한 팀이 되면서 점차 다른 사람을 이해하고 배려하는 능력을 키워요.

아이수

주인공들이 사는 나라에서 수학 게임 매스플레이를 진행하는 게임 마스터예요. 다른 나라에서는 또 다른 게임 마스터가 수학 게임을 진행하지요. 삼행시를 좋아해서 툭하면 아이들에게 운을 띄우라고 강요한답니다.

제 1 장
일대일 대결에서 승리하라!

"흠. 아무래도 다섯 번째 방법이 좋겠어."

오전 수업이 끝나고 점심시간에 수리안이 비장한 얼굴로 가두리에게 말했어요. 옆에 있던 가두리가 물었지요.

"조수하한테 고백하는 방법을 열두 가지나 찾았다더니 왜 다섯 번째 방법을 선택했어?"

"고대 그리스에서 2는 여자, 3은 남자를 상징하고, 2와 3을 더한 5는 결혼을 뜻하기 때문이야. 또한 중국에서는 오행이라고 하여 우주의 원리를 뜻하고……."

"야야, 됐어! 초등학생이 결혼까지 생각하다니, 진짜 어이없다."

수리안의 수다에 가두리가 서둘러 말을 끊으며 쏘아붙였어요.

수학 얘기만 나오면 끊임없이 조잘대는 수리안의 버릇이 오늘도 도진 거예요. 가두리는 수리안에게 무안을 준 것이 미안했는지 얼른 말을 돌렸어요.

"근데 조수하가 네 고백을 받아 줄까?"

"당연하지. 내가 성공 확률이 높은 고백 방법들만 추렸거든."

수리안이 해맑게 웃으며 대답했어요.

"흠, 글쎄. 하여튼 성공하길 바란다."

가두리는 자신만만한 수리안의 모습에 고개를 절레절레 흔들었어요.

"안 되겠어. 쇠뿔도 단김에 빼랬다고, 당장 수하한테 고백하러 가야겠어."

수리안은 벌떡 일어나 조수하에게 달려갔어요. 가두리가 황당해하며 뒤따랐지요. 화장실을 나오는 조수하를 만난 수리안이 무릎을 꿇고 고백했어요. 하지만 당황한 조수하는 단칼에 거절하고 달아났지요. 수리안은 전혀 예상치 못한 듯 새빨개진 얼굴로 터덜터덜 돌아왔어요. 가두리가 혀를 찼어요.

"쯧쯧. 화장실 앞에서 무릎까지 꿇고 고백하는 애가 어디 있

냐? 고백할 때 장소나 타이밍이 얼마나 중요한데, 그런 기본적인 것도 몰라?"

"흠, 고백 장소와 타이밍은 조사하지 않았네. 근데 아무리 화장실에서 나오는 길이어도 그렇지, 어쩜 그렇게 매정하게 거절할 수가 있냐고! 으, 마상을 입었어! 게다가 조수하랑은 어사가 되고 말았으니……. 후유."

수리안이 한숨을 내쉬자, 가두리가 수리안의 어깨를 툭툭 치며 위로했어요.

"기운 내! 다음에 다른 방법으로 고백하면 되지. 근데 마상은 뭐고, 어사는 또 뭐냐?"

"와, 진짜 몰라? 마음의 상처, 어색한 사이의 줄임말이잖아."

"오호! 진짜 별다줄이네."

"뭐, 별다줄?"

"별걸 다 줄인다고. 후훗!"

가두리와 헤어지고 집으로 돌아온 수리안은 괜스레 짜증이 났어요. 그때였어요. 수리안의 휴대폰에서 띠링 소리기 나더니, 문자가 떴어요.

'매스플레이 노멀 스테이지가 시작되었습니다.'

"벌써 노멀 스테이지가 시작된 건가? 마침 울적했는데 잘됐네."

수리안은 재빨리 매스플레이에 접속했어요. 그러자 게임 마스터인 아이수가 화면에 등장했어요.

수리안이 게임 시작 버튼을 누르자, 1단계 미션에 대한 설명이 나타났어요.

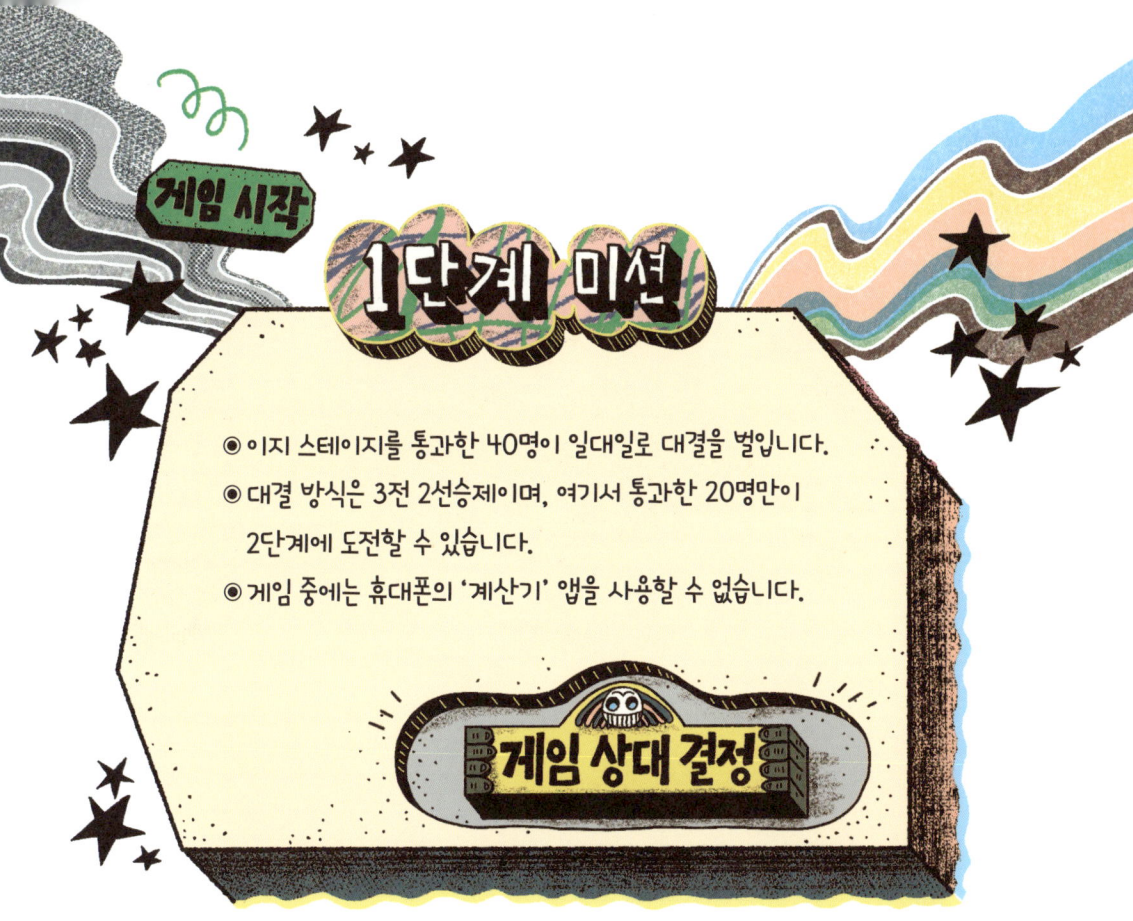

"1단계는 일대일 대결이라고? 거참, 살벌하네. 둘 중 한 명은 떨어지는 거잖아?"

수리안은 구시렁거리며 화면 아래에 나온 '게임 상대 결정' 아이콘을 눌렀어요. 그러자 게임 상대를 표시하는 칸이 나타나더니 40명의 얼굴이 하나씩 나타나며 빙글빙글 돌았어요. 그러다 한 아이의 얼굴에서 자동으로 멈추었는데, 이기자라는 아이였지요.

눈빛이 반짝거리는 게 아주 영리해 보였어요.

"흠, 아주 똑똑해 보이네. 하지만 나한테는 힘들 거야!"

게임 상대가 결정된 수리안은 바로 '다음 단계' 버튼을 눌렀어요. 그러자 화면이 바뀌면서 1단계 미션의 첫 번째 문제가 나타났어요.

첫 번째 문제

● 매스 문구에서 파는 색연필 24개, 필통 14개, 곰돌이 스티커 36장의 가격이 얼마인지 총액을 구하여 입력하고, 매스코인으로 그 물건들을 구입하세요. 미션 완료 시간이 짧은 사람이 승리합니다.

● 제한 시간은 매스 문구 입구부터 시작하여 15분입니다. 시간 초과나 오답일 경우 실패이며, 벌칙으로 팔 굽혀 펴기 10회를 하면 재도전할 수 있습니다.

수리안은 바로 매스 문구로 달려갔어요. 매스 문구는 5층짜리 건물을 통째로 사용하는 대형 문구점이었지요. 수리안이 입구에 들어서자, 휴대폰의 타이머가 작동하기 시작했어요.

"우아, 엄청 복잡하다. 길 잃기 딱 좋은걸. 무슨 좋은 방법이 없을까?"

잠시 고민하던 수리안이 손가락을 딱 튕기며 어딘가로 달려갔어요. 건물의 층별 안내도 앞이었지요. 수리안은 안내도를 자세히 살펴보았어요.

"1층은 카페, 2층은 생활용품, 3층은 문구 사무, 4층은 사무기기, 5층은 취미 생활이니까 3층으로 가면 되겠구나."

그런데 3층으로 가려던 수리안은 무슨 생각을 했는지 다시 안내도 앞으로 돌아왔어요.

"개별 문구의 정확한 위치를 모르고 올라가면 헤매게 돼. 여기서 확인하고 가는 게 좋겠어. 음, 색연필은 필기류니까 3A, 필통은 그 옆인 3B로 가면 되겠다. 앗! 곰돌이 스티커는 어디에 있지? 풀도 아니고, 노트도 아닌데……"

당혹해하던 수리안의 두 눈이 갑자기 커졌어요.

"아, 맞아! 곰돌이는 애니메이션 주인공이니까 캐릭터 팬시 코너인 3E에 있을 거야."

미리 문구의 위치를 파악하고 3층으로 간 수리안은 헤매지 않고 단번에 색연필과 필통을 찾아 바구니에 담았어요. 문제는 곰돌이 스티커였지요. 수리안은 마음을 졸이며 캐릭터 팬시 코너로 뛰어갔어요. 그랬더니 다양한 캐릭터 용품 사이에 곰돌이 스티커가 있었어요.

"오, 역시 내 생각이 맞았어."

수리안은 어깨를 으쓱하며 색연필, 필통, 곰돌이 스티커의 가

격을 수첩에 적었어요.

"색연필은 1개에 450원, 필통 1개는 740원, 곰돌이 스티커는 1장에 520원……. 하아, 가격이 천차만별이네."

수리안은 찬찬히 생각을 정리해 나갔어요.

"색연필 전체의 가격은 450×24를 하면 돼. 450과 20을 곱한 것과 450과 4를 곱한 것을 서로 더하면 되지. 계산하기 쉽게 세로셈으로 하자."

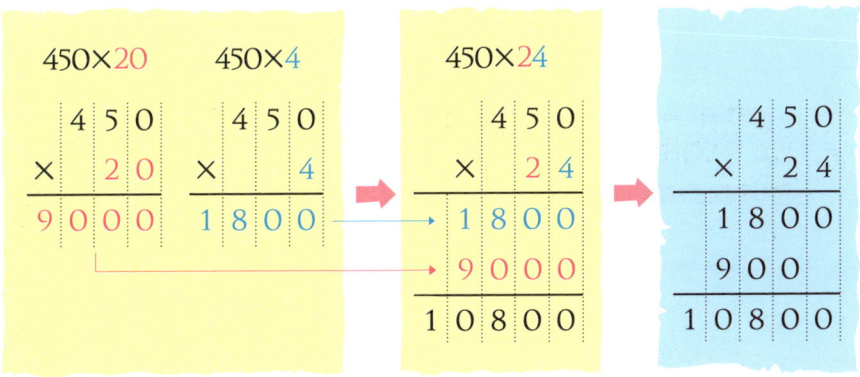

수리안은 빠른 속도로 계산해 나갔어요.

"450×24=10800이야. 같은 방법으로 계산하면 필통 전체의 가격은 740×14=10360, 곰돌이 스티커 전체의 가격은 520×36=18720. 따라서 총액은 10800+10360+18720=39880이야!"

수리안은 얼른 총액을 입력한 뒤, 매스코인으로 세 가지 문구를 샀어요. 그러자 '첫 번째 문제 성공'이라는 알림이 떴어요. 똑딱똑딱 초조한 시간이 흐르고, 잠시 후 수리안과 이기자의 얼굴 밑에 각자 미션 완료 시간이 표시되었어요. 결과는 수리안의 승리! 수리안의 얼굴에 미소가 떠올랐어요.

"훗, 이기자는 얼굴만 똑똑해 보이지 실력은 별로인걸."

자신감을 되찾은 수리안이 뻐기며 혼잣말을 했어요. 그 순간 띠링 소리와 함께 두 번째 문제가 등장했어요.

두 번째 문제

- 매스 어린이집에 가서 도화지로 종이비행기를 만드는 세 명의 어린이를 찾으세요. 도화지 한 장의 무게는 370g이며, 종이비행기 1개를 만드는 데에는 72g의 도화지가 쓰여요.

- 매스 문구점에서 산 물건을 세 명의 어린이들에게 나누어 주면 종이비행기와 관련된 이야기를 해 줄 거예요. 어떤 아이가 옳은 말을 하는지 이름을 입력하세요. 미션 완료 시간이 짧은 사람이 승리합니다.

- 제한 시간은 매스 어린이집 입구부터 시작하여 15분입니다. 시간 초과나 오답일 경우 실패이며, 벌칙으로 턱걸이 3회를 하면 재도전할 수 있어요.

수리안은 부리나케 매스 어린이집으로 달려갔어요. 어린이집에는 씨앗반, 새싹반, 꽃반, 열매반이 있었어요. 아이들은 각자의 반에 올망졸망 모여 앉아 돛단배, 꽃 등 다양한 종이접기를 하고 있었지요.

　먼저 씨앗반으로 들어간 수리안은 매의 눈으로 아이들을 살펴보았어요. 그때 창가에서 종이비행기를 만드는 '박서진'이라는 남자아이가 보였지요. 수리안은 얼른 그 아이에게 달려가 색연필을 선물로 주었어요. 선물을 받은 박서진은 수리안을 보며 이렇게 말했어요.

　"도화지 한 장으로 종이비행기 6개를 만들 수 있어요."

　수첩을 꺼낸 수리안은 엄청난 집중력으로 계산을 했어요.

　"370g짜리 도화지 한 장으로 72g짜리 종이비행기를 몇 개 만들 수 있는지 구하려면 370÷72를 계산해야겠지? 나누는 수 72는 70에 가까우니까, 몫을 어림해 보면 5쯤 될 것 같아. 몫을 5로 해서 나눠 봐야지. 계산해서 빼는 수가 더 커서

뺄 수 없을 때에는 몫을 작게 해 주면 되고, 나머지가 나누는 수보다 클 때에는 몫을 크게 해 주면 돼."

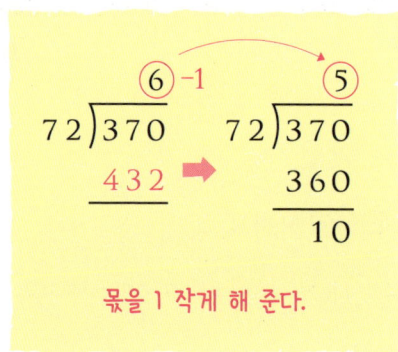
몫을 1 작게 해 준다.

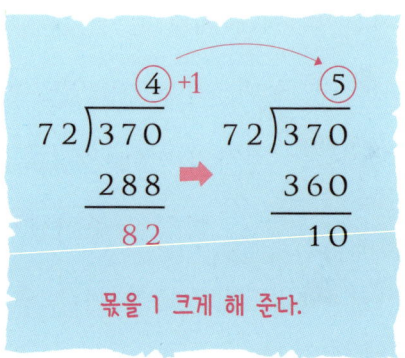
몫을 1 크게 해 준다.

"정확히 계산해 보니 몫은 5, 나머지는 10이구나. 종이비행기는 5개밖에 만들 수 없는데, 6개라니 박서진의 말은 틀렸네. 얼른 두 번째 아이를 찾아야지."

두 번째 아이는 새싹반에서 찾아냈어요. '김성현'이라는 그 아이는 필통을 선물로 받자, 꾸벅 감사 인사를 하며 말했어요.

"도화지 한 장으로 종이비행기 5개를 만들 수 있어요. 남은 종이는……."

수리안은 급한 마음에 5개라는 말을 듣자마자, "5개면 정답이잖아." 하며 휴대폰 화면의 정답 칸에 김성현이라고 입력했어요. 앗! 그런데 삑 하는 기분 나쁜 소리와 함께 휴대폰 화면에 오답 표시가 뜨는 게 아니겠어요?

"어? 오, 오답이라고? 어떻게 된 거지?"

당황한 수리안은 말까지 더듬었어요. 그러자 김성현이 황당한 표정으로 말했어요.

"아니, 왜 내 말을 끝까지 안 들어요? 도화지 한 장으로 종이비행기 5개를 만들 수 있어요. 남은 종이는 하나도 없고요."

"뭐? 몫은 5, 나머지가 10이니까 10g의 종이가 남아야 하는데……. 그래서 오답 표시가 떴구나. 내가 성급했네. 휴, 빨리 벌칙을 수행하고 마지막 아이를 찾아야 해!"

수리안은 어린이집 놀이터에서 가까스로 턱걸이 3회를 한 뒤

서둘러 세 번째 아이를 찾아다녔어요. 열매반에서 세 번째 아이를 발견한 수리안이 아이의 이름을 입력하자, 휴대폰에서 두 번째 문제 성공 알림이 왔어요. 잠시 뒤, 게임 화면을 보니 이기자의 얼굴 밑에 승리 표시가 떴지요.

"아아, 실수만 하지 않았어도 이길 수 있었는데."

1승 1패가 된 수리안은 다른 사람들의 대결 결과를 확인해 보았어요.

"허, 김나운하고 나우리는 벌써 2승으로 승리했잖아?"

수리안은 조바심에 애가 탔어요. 그때 낙담할 틈도 없다는 듯 바로 띠링 소리와 함께 휴대폰에 메시지가 떴어요.

세 번째 문제

- 매스 마트 안에 있는 진행 요원을 찾아 그 사람이 내는 문제를 풀고 정답을 입력하세요.
- 정답을 맞힌 경우에는 그 물건을 포장하고 사진을 찍어 업로드하면 성공입니다. 미션 완료 시간이 짧은 사람이 승리합니다.
- 제한 시간은 마트 입구부터 시작하여 20분입니다. 시간 초과나 오답일 경우 실패이며, 벌칙으로 줄넘기 30번을 하면 재도전할 수 있습니다.

수리안이 매스 마트에 도착하자, 이미 도착해 있던 이기자가 수리안을 보고 입을 삐죽이며 불평을 해댔어요.

"난 학원에서 늘 1등이거든. 근데 내가 첫 번째 문제에서 너한테 진 건 평소에 엄마가 문구를 사다 주셨기 때문이야. 문구를 직접 사 본 적이 없다 보니, 문구 찾는 데 시간이 좀 걸렸어. 계산만 하는 거였다면 너보다 훨씬 빨리 끝낼 수 있었어. 흥!"

그 말을 듣자, 불안했던 수리안의 마음이 약간 편해졌어요.

"첫 번째 문제를 단순한 연산 문제라고 생각하는구나. 문제 해결 능력과 사고력까지 측정하는 건데, 그걸 모르는 걸 보니 너무 걱정하지 않아도 되겠어."

먼저 도착한 이기자는 진행 요원의 출발 신호와 함께 매스 마트 안으로 들어갔어요. 잠시 후에 수리안도 출발 신호와 함께 마트 안으로 달려갔지요. 수리안은 진행 요원을 찾으면서 문제를 다시 곱씹어 생각해 보았어요.

"문제만 풀면 끝나는 게 아니라 포장까지 해야 하니까 아무래도 작고 가벼운 물건이 좋겠지?"

수리안이 과일 코너를 지나면서 이기자를 보았어요. 이기자는 벌써 진행 요원을 찾아내어 문제를 듣고 있었지요.

"과일은 포장할 때 힘들 거야. 찾는 데 시간이 좀 걸리더라도 포장하기 쉬운 물건을 파는 진행 요원을 찾아야 해."

그 순간 사방을 두리번거리던 수리안의 눈에 전통 과자 판매대에 있는 진행 요원이 보였어요. 그곳에는 강정, 다식, 약과 등 맛있어 보이는 전통 과자가 잔뜩 쌓여 있었지요.

"전통 과자는 작으면서도 가벼워서 딱 맞아."

수리안을 보자 진행 요원이 빙그레 웃으며 문제를 냈어요.

"약과 580개를 25개씩 상자에 담으려고 해요. 필요한 상자의 수와 남은 약과 수를 입력하세요. 그런 다음 약과를 상자에 담고, 사진을 찍어 업로드하세요."

수리안은 정신을 집중해서 필요한 상자의 수와 남은 약과의 수를 계산했어요.

"25를 20으로 어림하면 몫이 20이므로 25×20=500, 나머지는 80이야. 나머지 80을 다시 25로 나누면 몫이 3, 나머지는 5야. 따라서 580÷25는 몫이 23, 나머지는 5야."

$$
\begin{array}{r}
23 \\
25{\overline{\smash{\big)}\,580}} \\
500 \\
\hline
80 \\
75 \\
\hline
5
\end{array}
$$

- 23 ← 20+3
- 500 ← 25×20
- 80 ← 580-500
- 75 ← 25×3
- 5 ← 80-75

휴대폰에 정답을 입력한 수리안은 잽싸게 580개의 약과를 25개씩 23개의 상자에 나누어 담은 뒤 사진을 찍어 업로드했어요. 그러자 '세 번째 문제 성공'이라는 알림과 함께 마트 입구로 모이라는 문자가 떴어요. 수리안이 초조한 얼굴로 달려갔더니, 이기자가 먼저 도착해 있었어요.

"이기자가 벌써 와 있네. 나보다 미션을 빨리 끝낸 건가?"

수리안의 가슴은 두방망이질을 쳤어요. 잠시 후 진행 요원이 결과를 발표했어요.

"수리안은 15분 30초, 이기자는 15분 50초로 수리안의 승리입니다."

곧이어 휴대폰 화면에도 2승 1패로 수리안의 최종 승리 표시가 떴어요. 결과 발표를 들은 수리안은 환호했지만, 이기자는 순식간에 얼굴이 빨개지더니 곧바로 항의했어요.

"제가 수리안보다 진행 요원을 먼저 찾았고, 계산도 꽤 빨랐던 것 같은데, 그럼 복숭아 상자 포장 시간이 오래 걸려서 진 건가요? 허, 기막혀. 수학 문제를 풀면서 무슨 물건 포장 시간까지 평가하는 거죠?"

그러자 진행 요원이 명쾌하게 대답했어요.

"연산 능력과 함께 포장 시간을 줄이는 방법까지 생각해 내는 것도 문제 해결 능력의 주요 평가 요소였습니다."

그 말에 이기자는 허탈한 표정을 지으며 아무 말도 하지 못했어요. 이를 본 수리안은 헤벌쭉 웃으며 중얼거렸어요.

"헤헤, 역시 내 예상이 맞았어. 이거 점점 매스플레이 우승에 가까워지는 것 같은데."

그때 수리안의 휴대폰에 띠링 소리와 함께 1단계 미션에서 승리한 20명의 얼굴이 나타났어요. 그리고 2단계 미션 안내문이

떴어요.

수리안은 1단계에서 승리한 사람들 중에 나우리와 김나운의 얼굴을 보았어요. 수리안은 두 주먹을 불끈 쥐며 승리를 다짐했지요.

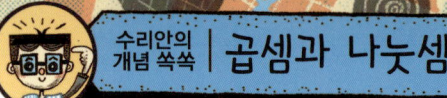

(세 자리 수)×(몇십)의 계산

우리 생활에서 많이 쓰이는 수학 중 하나가 곱셈이야. 곱하는 수가 한 자리 수인 곱셈은 어렵지 않지만, 곱하는 수가 두 자리 수인 곱셈의 계산은 그리 쉽지 않아. 그렇다고 겁먹을 필요는 없어. 계산 원리만 잘 이해하면 되거든. 282×20을 예로 들어 계산해 볼까?

① 282×20에는 282×2가 10번 들어가. 즉, 10배라는 뜻이지.
② 282×2를 계산하면 282×2=564야.
③ 564의 10배는 5640, 그러니까 282×20=5640이야.
④ 즉 (세 자리 수)×(몇십)을 계산하는 방법은 세 자리 수에 몇을 곱한 후 10배를 하면 돼.

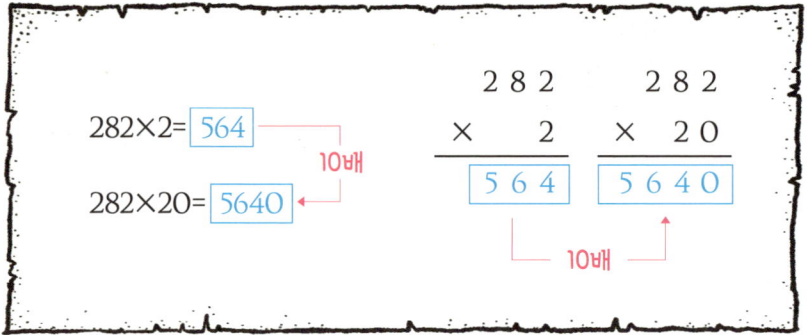

(몇백)×(몇십)을 계산하는 방법도 비슷해. (몇)×(몇)의 값에 곱하는 두 수의 0의 개수만큼 0을 붙이면 돼. 예를 들어 200×30은 2×3=6을 한 뒤, 두 수의 0의 개수만큼 0을 붙이면 되니까 답은 6000이야.

■00×▲0을 계산할 때 ■×▲의 값에 0을 3개 붙여요.

(세 자리 수)×(두 자리 수)의 계산

(세 자리 수)×(두 자리 수)는 자릿값을 잘 생각해야 해. 282×24를 예로 들어 세로 계산을 해 볼까?

282×24는 282의 24배를 뜻해. 24는 20과 4의 합이야. 따라서 282의 24배는 282의 20배와 282의 4배를 더한 값과 같아. 순서대로 계산해 보면 282×20=5640이고, 282×4=1128이야. 이제 둘을 더하면 5640+1128=6768이지. 세로 계산에서는 십의 자리를 곱할 때, 계산상 편리함을 위해 일의 자리 0을 생략할 수 있어.

```
  282×20          282×4              282×24

    2 8 2           2 8 2              2 8 2             2 8 2
  ×   2 0         ×     4            ×   2 4           ×   2 4
  ─────────       ─────────          ─────────         ─────────
  5 6 4 0         1 1 2 8            1 1 2 8           1 1 2 8
                                     5 6 4 0             5 6 4
                                     ─────────         ─────────
                                     6 7 6 8           6 7 6 8
```

(세 자리 수)÷(몇십)의 계산

우리 생활에서 많이 쓰이는 것은 곱셈뿐만이 아니야. 나눗셈 역시 많이 쓰여. 쉬운 나눗셈은 머릿속으로 계산할 수 있지만, 복잡한 나눗셈은 계산하기 어려워. 이럴 땐 세로 계산으로 하면 돼. 그럼 167÷20을 예로 들어 계산해 볼까?

① 먼저 167÷20의 몫이 얼마인지 어림해. 167을 160으로 생각해 160÷20=8로 어림할 수 있어.

② 20의 곱셈식을 볼 때 167은 20×8과 20×9 사이에 있어. 따라서 167÷20의 몫은 8, 나머지는 7이야.

③ 계산한 결과가 맞는지 곱셈으로 확인해 봐. 20과 몫 8을 곱한 후 나머지 7을 더하면 돼.

$$20 \times 7 = 140$$
$$20 \times 8 = 160$$
$$20 \times 9 = 180$$

```
        8
20)167
    160
      7
```

나누는 수가 몇십 몇인 경우에는 나누는 수를 10의 단위로 어림하는 것이 좋아. 10의 단위로 어림하여 계산한 뒤 몫이 크거나 작을 때 몫을 고치는 것이 더 빠르고 효율적이지. 168÷24와 130÷18을 예로 들어 볼까?

168÷24의 경우, 24를 20으로 어림해 몫을 8이라고 예상했지만, 빼는 수가 더 커서 뺄 수가 없게 되었어. 이럴 때에는 몫을 1 작게 해 주면 돼.

130÷18의 경우, 18을 20으로 어림해 몫을 6이라고 예상했지만, 나머지가 커서 한 번 더 나눠야 했지. 이처럼 나머지가 클 때에는 몫을 1 크게 해 주면 돼.

```
    ⑧ -1      ⑦
24)168  →  24)168
   192         168
                 0
```
몫을 1 작게 해 준다.

```
    ⑥ +1      ⑦
18)130  →  18)130
   108         126
    22           4
```
몫을 1 크게 해 준다.

몫이 두 자리 수인 (세 자리 수)÷(두 자리 수)의 계산

몫이 두 자리 수인 (세 자리 수)÷(두 자리 수)의 계산도 (세 자리 수)÷(몇십)의 계산 방법과 다르지 않아. 다만 몫을 십의 자리와 일의 자리로 나누어 구해야 하기 때문에 몫의 십의 자리를 곱하여 빼고 남은 수를 다시 나누면 돼. 685÷27을 예로 들어 볼게.

① 27을 30으로 어림하면 몫이 20이므로 27×20=540, 나머지는 145야.
② 나머지 145를 다시 27로 나누면 몫이 5, 나머지는 10. 따라서 685÷27은 몫이 25, 나머지는 10이야.
③ 계산한 결과가 맞는지 확인해 보면 27×25=675, 675+10=685로 맞음을 알 수 있어.

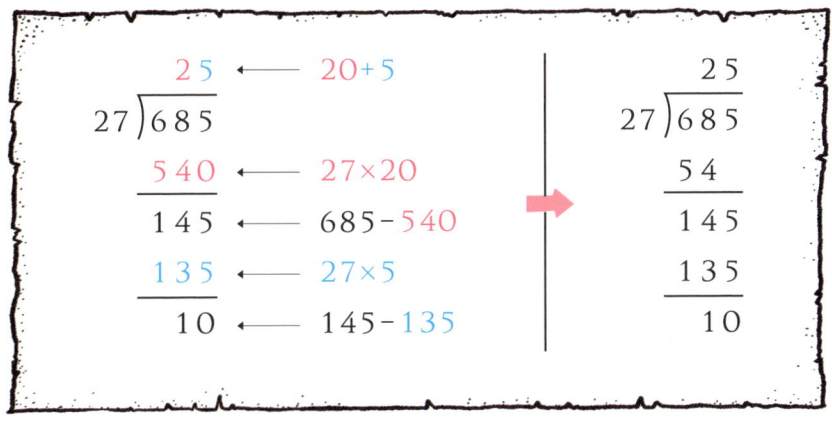

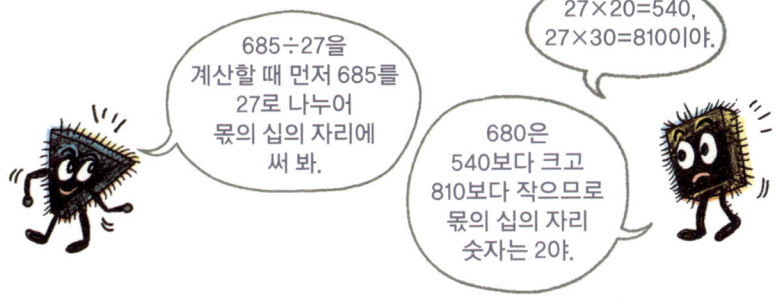

제 2 장
김나운과의 갈등

    토요일 오전, 수리안은 일요일에 진행될 2단계 미션을 위해 예상 문제를 뽑아 풀어 보고 있었어요. 그때 나우리에게서 전화가 왔어요.

    "수리안, 우리 2단계 미션 준비 같이 하지 않을래? 예상 문제 뽑은 것도 보여 줄게."

    나우리의 제안을 흔쾌히 받아들인 수리안은 바로 나우리의 집을 찾았어요. 수리안은 나우리를 보자 "오만갑!" 하고 외쳤어요.

    "오만갑? 그게 무슨 뜻이야?"

    나우리가 묻자, 수리안이 웃으면서 대답했어요.

    "참! 넌 요즘 유행어를 잘 모르지? 오만갑은 '오랜만에 만나서 반갑다.'의 줄임말이야."

"후후, 넌 정말 요즘 유행어에 빠삭하구나."

나우리의 칭찬에 수리안은 기분이 좋아졌어요.

"그런데 어쩌지? 조금 전에 아빠한테 전화가 왔는데, 전국 태권도 대회 준비하러 지금 당장 도장으로 나오래."

나우리가 미안한 표정을 지었어요.

"그럼 나도 같이 갈까? 예상 문제는 운동 끝나고 같이 풀면 되잖아."

수리안의 말에 나우리가 감동한 얼굴로 말했어요.

"정말? 고마워. 사실 우리 아빠는 내가 매스플레이를 준비할 때마다 구구단만 알면 사는 데 아무 지장 없다면서 하도 타박하셔서 눈치가 많이 보여."

"쯧쯧, 너도 힘들겠구나."

두 사람은 주거니 받거니 이야기를 나누며 도장으로 갔어요. 나우리의 아빠는 수리안을 반갑게 맞아 주었지요. 하지만 무슨 걱정이 있는지 얼굴에는 근심이 가득했어요.

"아빠, 무슨 일 있어요?"

나우리의 질문에 나우리의 아빠는 빵 봉지를 들어 보이며 대답했어요.

"항상 토요일에도 도장에 오는 다섯 아이들에게 주려고 빵 5개를 사 왔단다. 그런데 오늘따라 안 오던 세 명이 더 왔지 뭐냐? 어떻게 빵 5개를 8명에게 나눠 줄까 고민 중이야."

그러자 수리안이 갑자기 끼어들었어요.

"일단 빵 4개를 절반으로 쪼개 8명이 각각 한 조각씩 나눠 먹고, 나머지 빵 한 개는 8등분해 한 조각씩 가지면 돼요. $\frac{5}{8}=\frac{1}{2}\left(\frac{4}{8}\right)+\frac{1}{8}$ 이기 때문이에요. 분자가 1인 분수, 즉 단위 분수의 합을 이용하면 간단히 해결되지요."

"오! 그런 방법이 있었구나. 단번에 고민이 해결됐는걸. 정말 고맙다."

나우리의 아빠가 환하게 웃으며 고개를 끄덕였어요. 그러더니 쑥스러운 듯 뒷머리를 긁적이며 말했지요.

"난 돈 계산할 때에나 수학이 필요하다고 생각했는데, 다른 일상생활에도 쓸모가 많구나. 우리야, 미안하다. 얼른 가서 매스플레이 미션 준비해라."

두 사람은 재빨리 나우리의 집으로 가 예상 문제를 함께 풀며 2단계 미션을 준비했어요.

드디어 일요일 오전 9시 30분. 수리안은 떨리는 가슴을 진정시키며 결전의 장소인 매스플레이코리아 운동장으로 입장했어요.

"와, 운동장이 진짜 크다. 이런 곳에서 경기하다니 떨리는걸."

운동장 안에는 이미 열댓 명의 아이가 모여 있었는데, 그중에는 김나운도 있었어요.

"뭐야, 김나운도 벌써 왔네. 쳇! 저 녀석은 키가 커서 그런지 항상 돋보인단 말이야. 근데 아는 척을 해야 하나?"

수리안이 망설이는데, 수리안을 본 김나운이 환하게 웃으며 다가왔어요.

"오! 수리안, 안녕? 2 대 1로 아슬아슬하긴 했지만, 1단계 미션 통과를 축하해."

"으응. 고마워."

수리안은 고맙다고 인사했지만, 속으로는 투덜거렸어요.

'자기는 2 대 0으로 이겼으니까 나랑은 차원이 다르다는 거야?

대체 저 녀석 말은 칭찬인지 욕인지 알 수가 없다니까. 에잇, 재수 없는 녀석!'

수리안이 꿍얼거리며 김나운을 노려보는데, 김나운 뒤편에 나우리의 모습이 보였어요. 수리안은 반가운 마음에 한 손을 힘차게 흔들었지요. 나우리가 미소 지으며 뛰어오자, 웬일로 김나운이 나우리에게 아는 척을 했어요.

"안녕? 나우리 맞지? 나는 김나운인데, 기억해?"

"당연히 기억하지. 지난번 이지 스테이지에서 1위를 한 김나운을 어떻게 모를 수가 있어."

"후훗. 그래? 고마워. 이곳에서 다시 만나니 엄청 반갑다."

"나도 반가워!"

김나운과 나우리는 친숙해진 듯 조잘댔어요. 수리안은 괜히 심통이 부글부글 끓어올랐지요. 그때 운동장에 설치된 대형 화면에 아이수의 얼굴이 나타났어요.

"여러분, 안녕하세요? 다시 만나서 반갑습니다. 매스플레이 게임 마스터 아이수입니다."

"우아!"

아이들이 환호하자 아이수가 싱긋 웃으며 말했어요.

"많이 떨리죠? 그래서 긴장을 푸는 의미에서 제가 '운동장'으로 삼행시를 지어 보겠습니다. 여러분, 운 좀 띄워 주실래요?"

"운!"

"운동장에 모인 여러분!"

"동!"

"동작 그만!"

그 말에 깜짝 놀란 아이들이 모두 얼어붙은 듯 움직임을 멈춘 채 운을 띄웠어요.

"장!"

"장난이야."

아이들은 모두 황당해했어요. 수리안이 나우리를 바라보며 속닥거렸어요.

그러자 옆에 있던 김나운이 어떻게 들었는지 수리안을 칭찬했어요.

"오, 아이스맨? 그 별명 네가 지었어? 게임 마스터한테 딱 맞네. 지금부터 나도 게임 마스터를 아이스맨이라고 불러야지."

수리안은 평소와 다른 김나운의 모습에 짜증이 났어요. 나우리와 친해지려고 오버하는 모습이 훤히 보였기 때문이에요. 그때 진지한 표정으로 되돌아온 아이수가 게임에 대해 설명했어요.

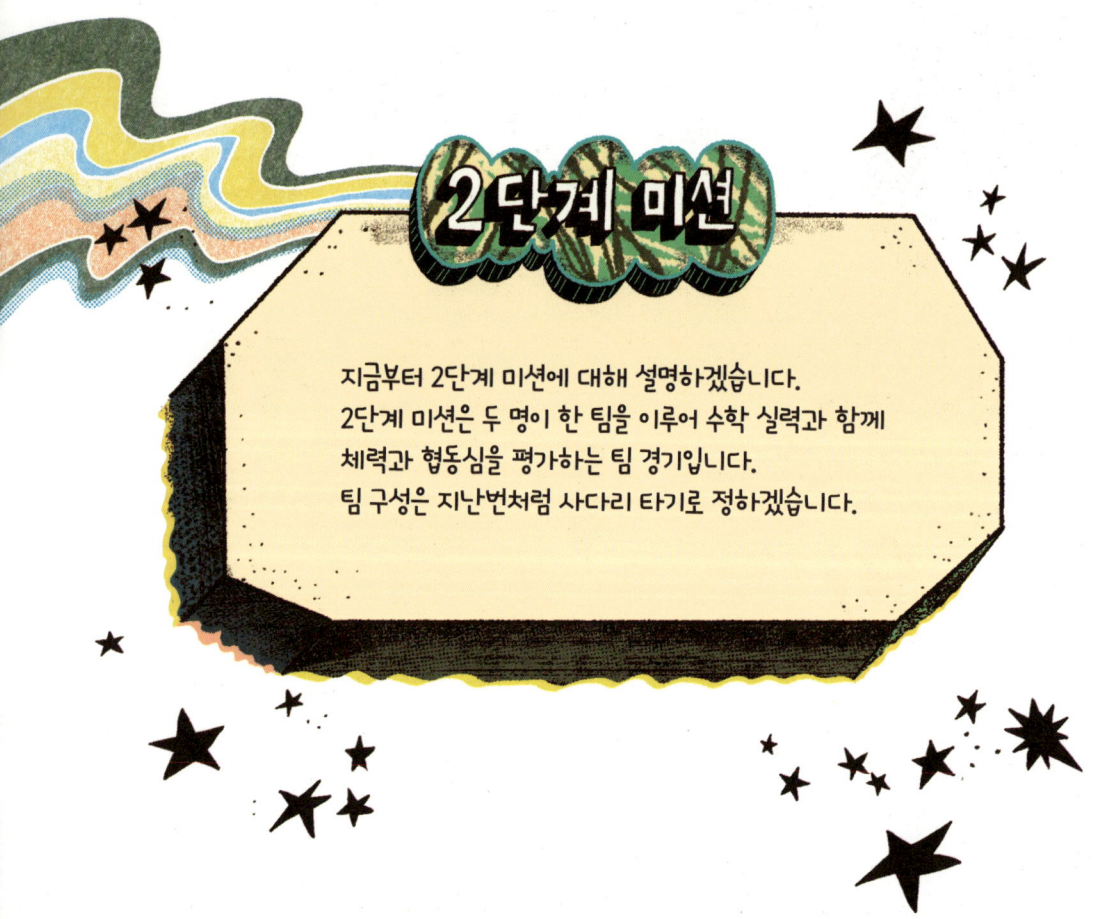

2단계 미션

지금부터 2단계 미션에 대해 설명하겠습니다.
2단계 미션은 두 명이 한 팀을 이루어 수학 실력과 함께 체력과 협동심을 평가하는 팀 경기입니다.
팀 구성은 지난번처럼 사다리 타기로 정하겠습니다.

화면에는 곧 사다리 타기가 나타났어요. 20명의 아이들은 운동장에 온 순서대로 자신이 원하는 자리를 골랐어요. 위쪽에서 사다리 타기를 해서 같은 번호가 나오면 한 팀이 되는 거지요.

"나우리랑 한 팀이 되면 좋을 텐데……."

사다리 타기를 해서 5번이 나온 수리안은 초조한 얼굴로 결과를 지켜보았어요. 그런데 이럴 수가! 수리안과 한 팀이 된 사람은 하필 김나운이었지요. 수리안은 짜증이 확 났어요. 하지만 수리안과 달리 김나운은 환하게 웃으며 말했어요.

"유치원 때 운동회에서 같은 팀이 된 뒤로는 처음이지? 우리 잘해 보자."

수리안은 떨떠름한 표정으로 김나운과 하이 파이브를 했어요.

"나우리도 짝꿍을 잘 만난 것 같네."

김나운이 주위를 두리번거리다 고개를 끄덕이며 중얼거렸어요.

"그걸 어떻게 알아?"

수리안이 퉁명스럽게 묻자, 김나운이 말을 이었어요.

"기억 안 나? 지난번 글로빌 수학 경시 대회에서 너랑 같이 우수상을 받은 최고수잖아."

"글쎄, 난 기억이 안 나는데. 어쨌든 나우리랑 한 팀이 된 애가 똑똑하다니 다행이네."

그때 수리안과 눈이 마주친 나우리가 다가와 조그마한 목소리로 말했어요.

"우리 또 한 팀이 되었으면 좋았을 텐데, 아쉽다. 하지만 김나운이랑 네가 같은 팀이니까 마음이 놓여. 파이팅!"

수리안도 나우리에게 두 주먹을 불끈 쥐어 보이며 "파이팅!" 하고 외쳤어요.

10개 팀이 모두 정해지자, 화면에 다시 나타난 아이수가 게임 내용을 설명했어요.

두 사람이 서로 맞닿은 쪽의 발목을 묶은 뒤, 운동장 트랙을 돌면서 문제를 푸는 이인삼각 경기입니다. 첫 번째 문제를 맞혀야만 다음 문제를 풀 수 있으며, 두 문제를 모두 맞히고 결승선을 통과하면 성공입니다. 상위 다섯 팀만 3단계 미션에 도전할 수 있습니다. 준비하고 출발선에 서 주세요.

수리안과 김나운은 발목을 하나로 묶은 다음, 다른 팀과 함께 출발선에 섰어요. 수리안의 가슴은 경기에 대한 기대감과 두려움으로 콩닥콩닥 뛰었지요. "땅!" 하고 출발 신호가 울리자, 나우리의 팀이 빠르게 앞서 나갔어요. 그에 반해 수리안과 김나운은 달릴 때마다 휘청휘청했지요.

"왜 이렇게 느려? 좀 빨리 달리자. 응?"

마음이 조급해진 김나운이 수리안을 재촉했어요. 발이 빠른 김나운과 달리 발이 느린 수리안은 속도를 맞추지 못해 결국 넘어지고 말았지요. 넘어진 두 사람 앞으로 뒤에서 달리던 팀들이 달려 나갔어요.

"잘못하면 우리가 꼴찌로 들어가겠어. 얼른 일어나."

김나운이 수리안을 일으켜 세우며 투덜거리자, 샐쭉 토라진 수리안이 톡 쏘아붙였어요.

"나우리와 한 팀이었을 때에는 호흡이 잘 맞았어. 나우리도 빠르지만, 너와 달리 느린 나에게 맞춰 줬기 때문이야. 근데 넌 나한테 짜증만 내잖아."

그런데 화를 낸 수리안은 오히려 무안해졌어요. 김나운이 곧바로 정중히 사과했기 때문이에요.

"미안해. 잘해야겠다는 마음이 너무 앞섰던 것 같아. 내 발이 아무리 빨라도 너와 힘을 합쳐야만 앞으로 나아갈 수 있는데 말이야."

"아, 그렇게 말하면 내가 미안해지잖아. 사실 내 저질 운동 신경 때문인데……."

"풋! 넌 유치원 때부터 운동 신경이 빵점이었는데, 여전하구나. 네 말대로 내가 너에게 맞출게. 하나둘, 하나둘 하고 구령을 외치면서 뛰자. 그러면 속도를 맞출 수 있을 거야."

김나운의 말에 수리안이 고개를 끄덕였어요. 두 사람은 손을 꼭 잡고 구령을 외치며 발을 맞추어 달렸어요. 그 덕분인지 점점 속도가 붙으면서 앞선 팀들을 추월하기 시작했어요.

"우아! 5등이 되었어. 우리 호흡이 너무 잘 맞는데."

김나운이 눈을 동그랗게 뜨며 외쳤어요. 수리안은 히죽 웃으며 어깨를 으쓱했지요. 두 사람은 어깨동무를 한 채 구호를 외치며 운동장을 달렸어요. 운동장을 절반 정도 달리자, 진행 요원이 보였지요. 더욱 힘을 합쳐 진행 요원 앞으로 달려간 두 사람이 숨을 헉헉대는데, 진행 요원 옆에 있는 모니터에서 첫 번째 문제가 나왔어요.

첫 번째 문제

- 두 사람이 각자 제자리멀리뛰기를 해서 표시된 눈금의 절반 이상을 뛰어야 합니다. 두 사람이 모두 통과하면 두 사람이 뛴 거리의 합을 구해 진행 요원에게 정답을 알려주세요.

- 제한 시간은 10분입니다. 한 명이라도 절반 이상을 뛰지 못하거나 시간 초과나 오답일 경우, 벌칙으로 쪼그려 뛰기 20회를 하면 재도전할 수 있습니다.

수리안과 김나운은 진행 요원 뒤에 있는 제자리멀리뛰기 장소로 갔어요. 그곳에는 분수로 거리가 표시된 2개의 제자리멀리뛰기 매트가 있었지요.

　김나운과 수리안은 팔을 앞뒤로 흔들며 뛸 준비를 했어요. 김나운이 바닥에 표시된 눈금을 보며 말했어요.

　"각자 표시된 눈금의 절반 이상을 뛰라고 했으니까, 나는 표시된 $\frac{4}{4}$의 절반인 $\frac{2}{4}$ 이상을 뛰면 돼. 수리안, 너는?"

　"나는 눈금이 $\frac{6}{6}$이니까 절반 지점인 $\frac{3}{6}$ 이상을 뛰면 돼."

　수리안의 대답에 김나운이 걱정스러운 얼굴을 했어요.

　"수리안, 뛸 수 있겠어?"

"당연하지. 날 너무 무시하지 말라고."

수리안이 자신만만한 얼굴로 대답하며 김나운에게 한쪽 눈을 찡긋했어요.

진행 요원의 게임 시작을 알리는 소리와 함께 두 사람은 힘차게 발을 굴렀어요. 김나운은 $\frac{3}{4}$을 뛰어 거뜬히 통과했지만, 수리안은 $\frac{2}{6}$를 뛰어 실패하고 말았지요.

"어떡하지? 미안해."

수리안이 어쩔 줄 몰라 하자 김나운이 오히려 수리안을 위로했어요.

"빨리 벌칙 받고 다시 도전하면 되지. 쪼그려 뛰기 20회는 별 거 아니야."

두 사람은 서둘러 쪼그려 뛰기를 시작했어요. 그런데 겨우 두

번 뛰고 수리안이 헉헉댔어요. 그러자 김나운이 안쓰러운 표정으로 말했어요.

"힘들면 넌 조금만 뛰어. 내가 더 많이 뛸게."

그사이 6등 팀이 정답을 맞히고, 트랙으로 돌아갔어요. 조급해진 수리안은 오만상을 찌푸리며 힘을 냈어요. 그때 갑자기 김나운이 수리안의 손을 잡아 일으켜 세웠어요.

"이제 그만해. 네가 쪼그려 뛰기 5번 할 동안, 내가 15번을 했거든."

"헉헉, 벌써? 너 대단하다. 그나저나 이번엔 제자리멀리뛰기를 통과할 수 있을까?"

수리안이 풀 죽은 목소리로 물었어요. 김나운은 직접 시범을 보이며 설명에 들어갔어요.

"제자리멀리뛰기를 잘하려면 팔과 다리, 상체의 움직임이 서로 조화를 이루어야 해. 그러니까 뛰는 순간 발바닥으로 땅을 쭉 차듯이 뛰어올라 봐. 팔은 머리 위로 쭉 펴고. 착지할 때에는 상체를 숙이고 무릎을 가슴 쪽으로 끌어당기면 돼. 알았지? 수리안, 힘내!"

김나운의 조언을 듣고 기운을 차린 수리안은 자세를 낮추고 온 힘을 다해 뛰었어요. 수리안은 $\frac{3}{6}$을 뛰어 기적처럼 제자리멀리뛰기를 통과했어요. 두 사람은 손바닥에 불이 나게 하이 파이브를 하고는, 서둘러 둘의 기록을 더하기 시작했어요.

"$\frac{3}{4}+\frac{3}{6}$을 하려면 통분부터 해야겠는데?"

김나운의 말에 수리안이 고개를 갸웃했어요.

"내가 분수에 좀 약해서 그런데, 통분이 뭐야?"

"통분은 분수에서 분모를 같게 하는 거야. 통분하는 방법에는 두 가지가 있어. 통분한 분모를 공통분모라고 하는데, 분모가 작을 때에는 두 분모의 곱을 공통분모로, 분모가 클 때에는 두 분모의 최소공배수를 공통분모로 하는 게 좋아."

김나운의 설명에 수리안이 말을 받았어요.

"최소공배수는 어떤 두 수의 공통된 배수, 즉 공배수 가운데 가장 작은 공배수를 말하는 거지? 그럼 4와 6의 공배수부터 구해야 최소공배수를 구할 수 있겠네?"

"맞아. 4의 배수인 4, 8, 12, 16, 20, 24…와 6의 배수인 6, 12, 18, 24…에서 공배수는 12, 24…이니까, 4와 6의 최소공배수는 12야. 그런데 최소공배수를 좀 더 간단히 구하는 방법이 있어. 곱셈을 이용하는 방법과 나눗셈을 이용하는 방법이야."

> ⟨곱셈으로 최소공배수 구하기⟩
> 4 = ②×2   6 = ②×3
> 4와 6의 최소공배수 : ②×2×3 = 12
>
> ⟨나눗셈으로 최소공배수 구하기⟩
> 2) 4 6
>   2 3
> 4와 6의 최소공배수 : 2×2×3 = 12

김나운의 설명에 수리안이 손가락을 딱 튕기며 말했어요.

"오, 이젠 확실히 알겠어. 그럼 $\frac{3}{4}$에는 분모와 분자에 각각 3을, $\frac{3}{6}$에는 분모와 분자에 각각 2를 곱하면 되겠구나."

수리안이 살짝 거들자, 김나운이 머릿속으로 암산하며 중얼거렸어요.

"$\frac{3}{4} + \frac{3}{6} = \frac{9}{12} + \frac{6}{12} = \frac{15}{12}$. 정답은 $\frac{15}{12}$야. 이거 약분해야겠는데, 약분은 알지?"

"당연하지. 분모와 분자를 공약수로 나누어 간단한 분수로 만드는 거잖아. 약수는 어떤 수를 나누어떨어지게 하는 수이고, 공약수는 두 수를 동시에 나누어떨어지게 하는 수이지. 12의 약수는 1, 2, 3, 4, 6, 12이고, 15의 약수는 1, 3, 5, 15니까, 공약수는 3이야. $\frac{15}{12}$를 3으로 약분하면 $\frac{5}{4}$야. 이를 대분수로 나타내면 정답은 $1\frac{1}{4}$이야."

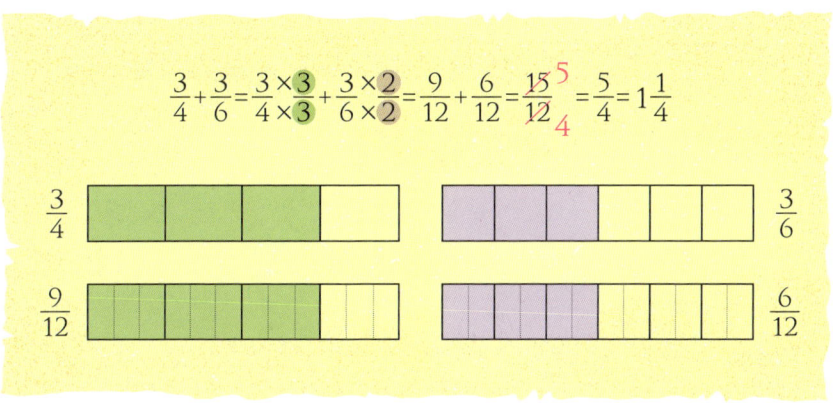

수리안이 진행 요원에게 달려가 정답을 말했어요.

"정답, 성공입니다."

두 사람은 다시 트랙으로 돌아가 발목을 묶고 구호를 외치며 운동장을 달렸어요. 김나운의 구령에 맞춰 속도를 낸 덕분에 두 사람은 다시 5등으로 올라섰지요. 어느덧 운동장의 마지막 지점에 도착하자, 두 번째 문제가 기다리고 있었어요.

"오, 저기 좀 봐! 4등 팀이 벌칙을 받고 있네? 우리 팀이 앞설 절호의 기회야."

김나운이 4등 팀을 가리키며 소곤거렸어요. 고개를 끄덕이는 수리안의 얼굴은 비장했지요. 수리안과 김나운은 긴장한 얼굴로 모니터에 나오는 두 번째 문제를 보았어요.

> **두 번째 문제**
>
> ● 두 사람이 각자 받은 3장의 수 카드를 한 번씩만 사용하여 가장 작은 대분수를 만든 뒤, 그 합을 구해 진행 요원에게 알려 주세요. 제한 시간은 5분입니다.
>
> ● 시간 초과나 오답일 경우, 벌칙으로 달리기 200m를 하면 재도전할 수 있습니다.

김나운이 진행 요원으로부터 1, 3, 5의 수 카드를 받았어요. 수리안도 이어서 2, 4, 7의 수 카드를 받았지요. 수리안이 제자리멀리뛰기에서의 실수를 만회하기 위함인지 선수를 쳤어요.

"대분수는 자연수와 진분수의 합으로 나타내기 때문에 가장 작은 대분수는 자연수에 가장 작은 수, 분모에 가장 큰 수를 놓으면 돼. 내 수 카드는 2, 4, 7이니까 내가 만들 수 있는 가장 작은 대분수는 $2\frac{4}{7}$야."

"맞아. 내 수 카드는 1, 3, 5이니까 내가 만들 수 있는 가장 작은 대분수는 $1\frac{3}{5}$이야. 대분수의 덧셈은 자연수는 자연수끼리 더하고, 두 분수는 통분하여 계산하면 돼."

$$2\frac{4}{7} + 1\frac{3}{5} = 2\frac{20}{35} + 1\frac{21}{35} = (2+1) + \left(\frac{20}{35} + \frac{21}{35}\right)$$
$$= 3 + \frac{41}{35} = 3 + 1\frac{6}{35} = 4\frac{6}{35}$$

김나운은 수 카드를 만지작거리며 계산하더니, "정답은 $4\frac{6}{35}$입니다."라고 외쳤어요.

진행 요원이 빙그레 웃으며 "정답입니다."라고 말했어요.

"가자, 수리안! 하나둘, 하나둘!"

신이 난 두 사람의 속도가 점점 빨라졌어요. 그러자 앞 팀 아이들이 뒤를 힐끔 돌아봤어요. 그러다가 둘의 발이 꼬이더니, 넘어지고 말았지요. 두 사람은 더 크게 구령을 외치면서 넘어진 아이들을 앞질러 도착 지점을 3등으로 통과했어요.

"와, 잘했어! 너희 팀워크, 최고던데!"

1등으로 통과한 나우리가 두 사람에게 엄지손가락을 치켜들었어요. 하지만 수리안은 제자리멀리뛰기에서 자신 때문에 벌칙을 받아 김나운까지 떨어질까 봐 가슴이 조마조마했지요. 잠시 후, 모든 참가 팀이 한자리에 모이자, 대형 화면에 아이수의 얼굴이 나타났어요.

"2단계 미션 순위는 문제를 푼 시간, 벌칙 여부, 팀 협동 점수 등을 합산하여 5개 팀을 정했습니다. 3단계 미션에는 5위 팀까지만 도전할 수 있습니다. 그럼, 발표하겠습니다. 1위는 나우리·최고수 팀, 2위는 김예리·한모양 팀, 3위는 박수리·조연산 팀……."

수리안은 안절부절못했어요. 나우리도 초조한 얼굴로 수리안을 바라보았지요. 그때였어요.

"4위, 김나운·수리안 팀."

"우아, 통과했어!"

김나운과 수리안은 소리를 지르며 펄쩍펄쩍 뛰었어요.

"휴, 다행이다. 우리 팀이 떨어질까 봐 발표 내내 가슴이 두근두근했어."

수리안이 안도의 한숨을 내쉬며 말하자, 김나운도 고개를 끄덕끄덕했어요.

"그러게. 내 인생에 4위를 다 해 보네. 경기 초반에 넘어지고, 첫 번째 문제에서 벌칙을 받은 게 점수를 깎아 먹었나 봐."

그때 아이수가 이후의 진행 상황에 대해 설명했어요.

"3단계 미션은 '매스플레이코리아 놀이동산'에서 진행합니다. 오늘 뽑힌 10명은 다음 주 토요일 오전 10시까지 그곳으로 오세요."

수리안은 다음 단계에서 경쟁하게 될 다른 아이들을 하나하나 살펴보았어요. 그러다 싱글벙글 웃으며 나우리와 떠드는 김나운을 보자 짜증이 확 치밀었지요. 자신들이 4위를 한 이유를 너무나도 친절하게 얘기했기 때문이에요. 수리안은 김나운을 바라보며 중얼거렸어요.

"치사하고 쪼잔한 녀석! 나 때문에 4위 했다고 꼭 짚어서 밝히다니, 진짜 밉상이라니까!"

수리안은 3단계에서는 절대 실수하지 않겠다고 거듭거듭 다짐했어요.

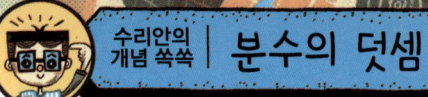

공배수와 공약수

'배수'는 어떤 수를 1배, 2배, 3배……를 한 수를 말하는데, 두 수에서 공통으로 들어가는 배수는 '공배수'라고 해. 예를 들어 3과 4의 공배수는 3의 배수인 3, 6, 9, 12, 15, 18, 21, 24……와 4의 배수인 4, 8, 12, 16, 20, 24……의 공통된 수인 12, 24……가 되지. 그중에서 가장 작은 수인 12를 '최소공배수'라고 해.

> 3의 배수 : 3, 6, 9, ⑫, 15, 18, 21, ㉔, 27, 30……
> 4의 배수 : 4, 8, ⑫, 16, 20, ㉔, 28, 32, 36, 40……

'약수'는 어떤 수를 나누어떨어지게 하는 수를 말하는데, 두 수를 동시에 나누어떨어지게 하는 수를 '공약수'라고 해. 예를 들어 8과 12의 공약수는 8의 약수인 1, 2, 4, 8과 12의 약수인 1, 2, 3, 4, 6, 12의 공통된 수인 1, 2, 4가 돼. 그중에서 가장 큰 수인 4를 '최대공약수'라고 해.

> 8의 약수 : ①, ②, ④, 8
> 12의 약수 : ①, ②, 3, ④, 6, 12

약분과 통분

분수의 덧셈을 하다 보면 분수를 간단히 하거나 분모를 같게 해야 할 필요가 있어. 이때 필요한 게 바로 약분과 통분이야. 약분은 분모와 분자를 공약수로 나누어 간단한 분수로 만드는 것을 말해. 예를 들어 $\frac{18}{24}$을 약분해 볼까?

◆ 분모 24와 분자 18의 공약수 : 1, 2, 3, 6

◆ $\frac{18}{24}$을 공약수로 나누기 :

$$\frac{18 \div 2}{24 \div 2} = \frac{9}{12}, \quad \frac{18 \div 3}{24 \div 3} = \frac{6}{8}, \quad \frac{18 \div 6}{24 \div 6} = \frac{3}{4}$$

여기서 가장 간단한 분수는 최대공약수 6으로 나눈 $\frac{3}{4}$이야. 따라서 약분할 때에는 최대공약수로 나누는 것이 훨씬 편리해.

통분은 분수의 분모를 같게 하는 것을 말하는데, 통분한 분모를 공통분모라고 해. 분모가 작을 때에는 두 분모의 곱을 공통분모로, 분모가 클 때에는 두 분모의 최소공배수를 공통분모로 하는 것이 좋아. 예를 들어 $\frac{5}{8}$와 $\frac{7}{10}$을 두 가지 방법으로 통분하면 다음과 같아.

◆ 두 분모의 곱을 공통분모로 하여 통분할 때

$$\frac{5}{8} = \frac{5 \times 10}{8 \times 10} = \frac{50}{80} \qquad \frac{7}{10} = \frac{7 \times 8}{10 \times 8} = \frac{56}{80}$$

◆ 두 분모의 최소공배수를 공통분모로 하여 통분할 때

$$\frac{5}{8} = \frac{5 \times 5}{8 \times 5} = \frac{25}{40} \qquad \frac{7}{10} = \frac{7 \times 4}{10 \times 4} = \frac{28}{40}$$

진분수의 덧셈

분모가 같은 분수를 더할 때에는 분모를 그대로 두고 분자끼리 더하면 돼. 그런데 분모가 다른 분수를 더할 때에는 최소공배수를 공통분모로 하여 통분한 뒤 계산하지. 최소공배수를 구하는 방법은 두 가지야.

① 곱셈을 이용하려면 먼저 두 수를 각각 가장 작은 수들의 곱으로 나타내고, 공통인 가장 큰 수와 공통이 아닌 수들을 모두 곱해 주면 돼.

② 나눗셈을 이용할 때에는 두 수를 동시에 나눌 수 있는 데까지 나눈 뒤, 나누는 수들과 마지막 몫들을 곱해 주면 되지.

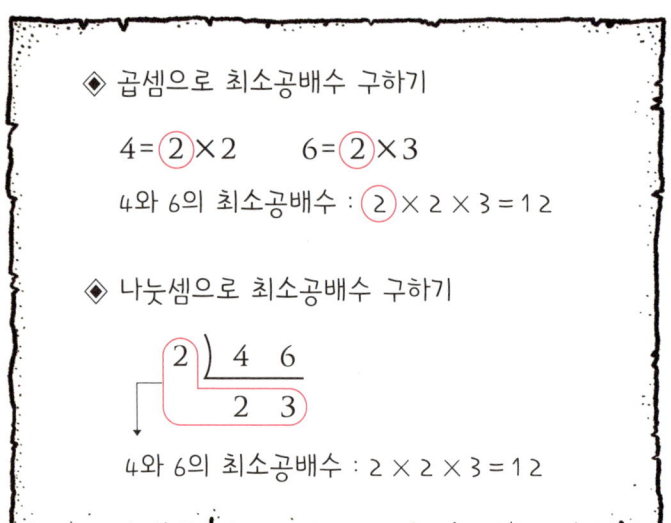

◆ 곱셈으로 최소공배수 구하기

4 = ②×2   6 = ②×3

4와 6의 최소공배수 : ②×2×3 = 12

◆ 나눗셈으로 최소공배수 구하기

2) 4 6
    2 3

4와 6의 최소공배수 : 2×2×3 = 12

최소공배수를 구하는 방법을 알았으니, 그럼 $\frac{1}{6}+\frac{3}{8}$ 을 계산해 볼까?

$$\frac{1}{6}+\frac{3}{8}=\frac{1\times 4}{6\times 4}+\frac{3\times 3}{8\times 3}=\frac{4}{24}+\frac{9}{24}=\frac{13}{24}$$

대분수의 덧셈

분모가 다른 대분수의 덧셈은 두 가지 방법으로 계산할 수 있어. 첫 번째는 자연수는 자연수끼리, 분수는 분수끼리 더해서 계산하는 거야. 두 번째는 대분수를 가분수로 나타내어 계산하는 거야. 여기서 가분수는 분자가 분모와 같거나 분모보다 큰 분수를 말해.

그럼 $2\frac{3}{4}+3\frac{5}{6}$ 를 두 가지 방법으로 계산해 볼까? 자연수는 자연수끼리 더하고 두 분수는 통분하여 더하는 방법으로 계산하면 다음과 같아. 이 방법은 분수 부분의 계산이 편리하지.

$$2\frac{3}{4}+3\frac{5}{6}=2\frac{9}{12}+3\frac{10}{12}=(2+3)+\left(\frac{9}{12}+\frac{10}{12}\right)=5+\frac{19}{12}=5+1\frac{7}{12}=6\frac{7}{12}$$

대분수를 가분수로 나타내어 계산하면 다음과 같아. 이 방법은 자연수 부분과 분수 부분을 따로 떼어 계산하지 않아도 되는 장점이 있어. 어느 쪽이든 자신이 선택한 방법으로 문제를 해결하면 돼.

$$2\frac{3}{4}+3\frac{5}{6}=\frac{11}{4}+\frac{23}{6}=\frac{33}{12}+\frac{46}{12}=\frac{79}{12}=6\frac{7}{12}$$

그리고 계산 결과를 쓸 때에는 항상 기약분수로 나타내야 해. 기약분수는 분모와 분자의 공약수가 1뿐인 분수야. 가분수는 대분수로 바꾸고, 약분은 더 안 해도 되는지 잊지 말고 검토해 봐.

제 3 장
놀이공원에서 빙고 게임

"우아, 시설이 정말 대단한데. 근데 이런 곳에서 수학 문제만 풀어야 한다니, 진짜 아쉽다."

수리안은 마지막 미션이 진행되는 매스플레이코리아 놀이동산에 도착해서 한숨 섞인 말을 내뱉었어요. 나우리 역시 고개를 끄덕끄덕했지요.

"맞아. 놀이기구도 엄청 많아."

그런데 이들과 달리 김나운은 시큰둥한 반응을 보였어요.

"너희는 미국에 있는 디즈니랜드를 안 가 봤구나? 여기는 디즈니랜드에 비하면 평범해."

"어머, 너는 디즈니랜드도 가 봤어? 와, 부럽다."

나우리가 김나운을 쳐다보며 말했어요. 그 모습을 본 수리안이 울컥 짜증이 치밀어 올라 김나운에게 한마디 하려는데, 입구에 설치된 대형 화면에 아이수의 얼굴이 나타났어요.

"여러분, 안녕하세요? 매스플레이의 게임 마스터인 아이수입니다."

아이들은 아이수를 열렬한 박수로 환영했어요.

3단계 미션

드디어 마지막 미션이군요. 3단계 미션은 이곳에서 개인전으로 진행됩니다. 10명이 각자 퀴즈를 풀어 빙고 한 줄을 완성하면 끝나는 게임이지요. 빙고를 완성한 시간 순서대로 순위가 정해지며, 3위까지 하드 스테이지에 도전할 수 있는 자격이 주어집니다. 그리고 이번 미션에서는 태블릿만 사용할 수 있으니, 휴대폰은 제출해 주세요.

아이수의 말이 끝나기 무섭게 진행 요원들이 아이들의 휴대폰을 거두어 가고, 태블릿을 나누어 주었어요. 아이들이 태블릿을 받자, 아이수가 게임에 대한 설명을 덧붙였어요.

"태블릿을 켜면 가로 4칸, 세로 4칸의 빙고 판이 나옵니다. 여기에 놀이동산의 놀이기구 중 16개를 선택해 이름을 적은 뒤, 그곳으로 가면 퀴즈를 풀 수 있지요. 퀴즈를 맞혀서 가로, 세로, 대각선 중 한 줄을 연결하면 빙고 완성입니다. 단, 여러분이 선택한 놀이기구가 중복되었을 경우, 가장 먼저 퀴즈를 맞힌 사람을 빼고 다른 사람의 태블릿에는 그 놀이기구가 ×로 표시되어 도전할 수 없습니다. 그럼 바로 미션을 시작하겠습니다."

아이수의 말이 끝나자 수리안은 재빨리 태블릿을 켰어요. 그리고 태블릿에 나온 놀이기구의 종류와 위치를 보며 어떤 놀이기구를 선택할지 고민했지요.

"덜 무서운 놀이기구가 좋은데, 다른 아이들도 비슷한 생각을 할 거야. 그럼 중복되는 놀이기구가 많아져서 빙고를 완성하기가 어렵겠지?"

수리안은 고민 끝에 무서운 놀이기구와 덜 무서운 놀이기구를 섞고, 거리도 먼 곳과 가까운 곳을 감안해서 선택했어요.

수리안은 다 적은 빙고 판을 보며 중얼거렸어요.

"흠, 이제 주사위는 던져졌어."

잠시 후, 모든 아이들이 놀이기구 선택을 완료하자, 진행 요원이 아이들에게 매듭진 밧줄을 하나씩 나눠 주었어요.

"지금 받은 밧줄의 길이를 잰 순서대로 게임을 시작합니다."

"허, 참. 출발 순서까지 문제를 풀어서 정하다니 너무하는 거 아니야?"

수리안은 구시렁거리면서도 밧줄 푸는 방법을 고민했어요. 다른 아이들은 마디를 이룬 부분을 손으로 조몰락대며 매듭을 풀기 시작했어요. 어떤 아이는 이빨로 물어뜯기까지 했답니다. 그때 수리안은 한 가지 생각이 떠올랐어요.

"밧줄의 길이를 재기 위해 반드시 매듭을 손으로 풀어야 한다는 말은 없었잖아!"

수리안은 진행 요원에게 맡긴 가방에서 가위를 찾았어요. 그리고 주저 없이 매듭을 가위로 잘라 밧줄의 길이를 쟀지요. 그 모습을 본 나우리의 두 눈이 휘둥그레졌어요.

"앗! 그렇구나. 매듭을 푸는 방법에 대해서는 어떠한 제한도 없었으니까."

수리안은 창의적으로 사고한 덕에 1등으로 정답을 맞히고 가장 먼저 출발하게 되었어요.

'가장 가까운 곳보다는 빙고를 완성하기 쉽게 가장자리 네 곳 중 한 곳을 먼저 가야겠지? 그래야 가로, 세로, 대각선 세 방향으로 빙고를 완성할 기회가 생기니까.'

수리안은 먼저 '급류 타기'를 선택했어요. 수리안이 급류 타기 입구에 도착하자, 태블릿에 바로 문제가 떴어요.

급류 타기

◉ 배를 타고 지나는 길에는 변의 길이가 2m인 정다각형 4개가 그려진 팻말이 있습니다. 각 도형들의 둘레 길이는 얼마인지 정답 칸에 입력하세요. 제한 시간은 3분입니다.

◉ 시간 초과나 오답일 경우, 벌칙으로 배 5척을 청소하면 재도전할 수 있습니다.

"허, 말도 안 돼. 어떻게 급류 타기를 하면서 정다각형의 둘레 길이를 계산하라는 거야?"

수리안은 투덜거리면서도 통나무처럼 생긴 배에 올라탔어요. 그러자 곧 수로를 따라 배가 둥실 움직이기 시작했지요.

"오, 재밌는데? 뱃놀이를 하는 것 같아. 히히."

아름다운 경치를 구경하던 수리안은 급류 구간에서 갑자기 아래로 떨어지는 배의 속도에 놀라 "으악~" 하고 소리를 질렀어요. 그때 나무 사이로 숨겨진 팻말 속 도형을 발견했어요.

"와, 방금 본 도형은 정삼각형인 듯한데. 급류 구간에 무서워서 하마터면 못 볼 뻔했어."

수리안은 놀란 가슴을 진정시키며 급류 구간마다 숨어 있는 정사각형, 정오각형, 마지막으로 정육각형을 발견했어요. 배가 도착 지점에 이르자, 수리안은 계산 방법을 생각했어요.

"정다각형의 둘레는 각 변의 길이를 모두 더하면 돼. 하지만 좀 더 쉽게 구하는 방법이 있어. 정다각형은 각 변의 길이가 모두 같기 때문에 (정다각형의 둘레)=(한 변의 길이)×(변의 수)를 하면 돼. 한 변의 길이는 2m이고, 변의 수는 정삼각형이 3, 정사각형이 4, 정오각형이 5, 정육각형이 6이므로 각 도형의 둘레는 정삼각형이 2×3=6m, 정사각형이 2×4=8m, 정오각형이 2×5=10m, 정육각형은 2×6=12m야."

수리안이 자신만만한 표정으로 정답 칸에 각 도형의 둘레를 입력했어요. 그러자 빙고 판의 급류 타기 칸에 ○ 표시가 떴지요. 기가 오른 수리안은 현재 있는 곳에서 거리도 가깝고, 빙고 판의 또 다른 가장자리인 사격장에 가기로 했어요. 그런데 사격장으로 달려가는 수리안의 태블릿에서 딩동 소리가 났어요. 수리안이 태블릿을 열어 보니, 빙고 판의 꼬마 열차 칸에 ×가 표시되어 있었

어요. 누군가 꼬마 열차의 문제를 풀었다는 뜻이지요.

"그럼 내가 사격장에서 퀴즈를 풀어도 대각선 줄의 빙고는 완성할 수 없잖아?"

수리안은 조바심이 났어요. 하지만 다른 곳으로 가기에는 시간이 걸리기도 하고, 만약 사격장에서 성공하면 가로줄과 세로줄의 빙고 기회가 생기기 때문에 수리안은 그냥 사격장으로 달려갔지요. 그런데 수리안이 사격장에 도착해 보니 이미 다른 아이가 문제를 풀고 있었어요.

"앗! 저 아이가 정답을 맞히면 어쩌지? 사격장은 포기하고 빨리 회전 컵으로 가는 게 좋을까?"

당황한 수리안은 그 아이가 실패하기를 간절히 바랐어요. 다행히 수리안의 바람이 이루어져서 수리안에게 도전할 기회가 생겼지요. 실패한 아이가 인형 정리 벌칙을 받는 동안, 수리안이 문제에 도전했어요.

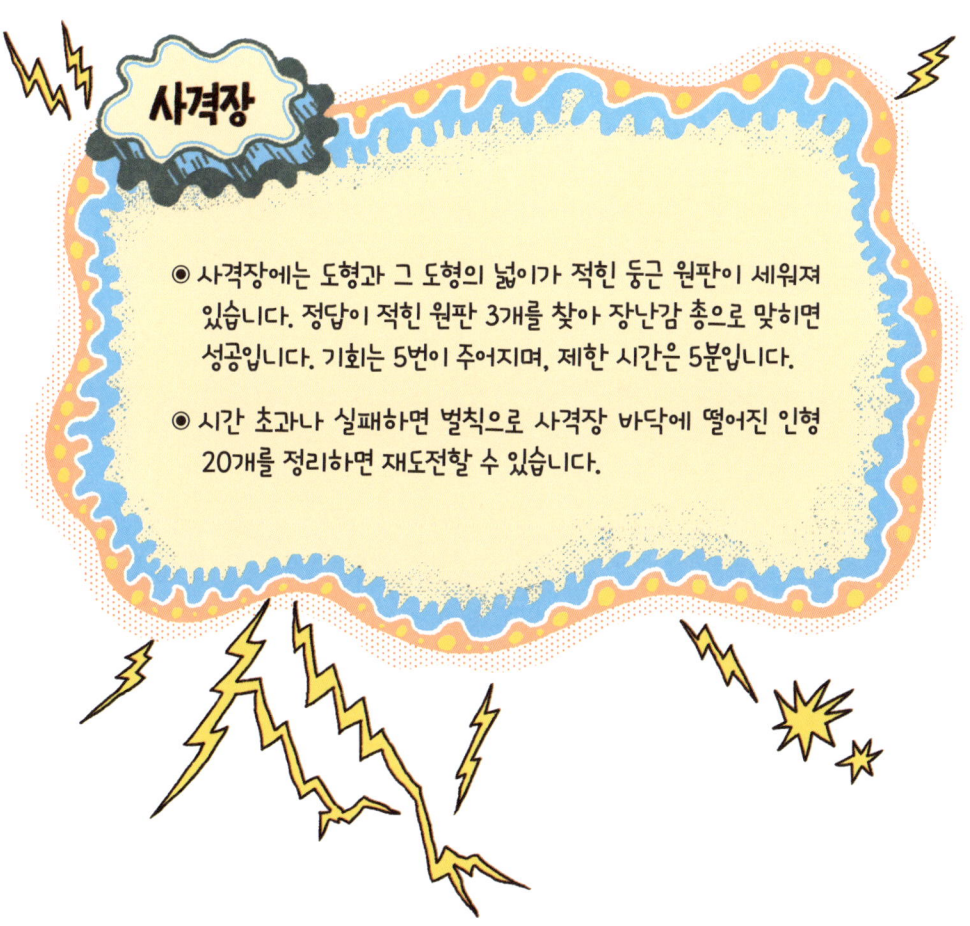

사격장

- 사격장에는 도형과 그 도형의 넓이가 적힌 둥근 원판이 세워져 있습니다. 정답이 적힌 원판 3개를 찾아 장난감 총으로 맞히면 성공입니다. 기회는 5번이 주어지며, 제한 시간은 5분입니다.
- 시간 초과나 실패하면 벌칙으로 사격장 바닥에 떨어진 인형 20개를 정리하면 재도전할 수 있습니다.

장난감 총을 든 수리안은 사격장에 세워진 원판을 하나하나 살펴보았어요. 원판들이 9개가 있는데, 각각의 원판에는 도형 그림 밑에 넓이가 적혀 있었지요. 수리안은 사각형의 넓이를 구하는 방법을 곰곰 되짚어 보았어요.

"직사각형의 넓이는 (가로)×(세로)로 구하면 돼. 마주 보는 두 변의 길이가 서로 같고 평행한 평행사변형의 넓이는 (밑변의 길이)×(높이)야. 계산해 보면 ①은 4×7=28㎠, ②는 12×8=96㎠, ④는 8×4=32㎠, ⑥은 9×5=45㎡, ⑦은 3×7=21㎡, ⑧은 9×8=72㎠야. 다만, 단위가 다른 ③, ⑤, ⑨는 단위를 통일시켜 계산해야 해. 1m=100㎝이니까 ③은 6×4=24㎡, ⑤는 5×5=25㎡, ⑨는 2×9=18㎡이야. 따라서 정답이 적힌 원판은 ②, ③, ⑦이야."

수리안은 장난감 총을 쏘기 시작했어요. 첫 번째 쏜 총알은 ⑦번 원판을 맞혔어요. 두 번째와 세 번째 쏜 총알은 빗나갔지요. 네 번째로 쏜 총알이 겨우 ③번 원판을 스치듯이 맞았어요. 남은 기회는 단 한 번, 제한 시간은 20초! 수리안의 손이 부들부들 떨렸어요.

"기회는 단 한 번뿐이네. 침착하자, 수리안!"

수리안은 호흡을 가다듬었어요. 드디어 수리안의 손이 방아쇠

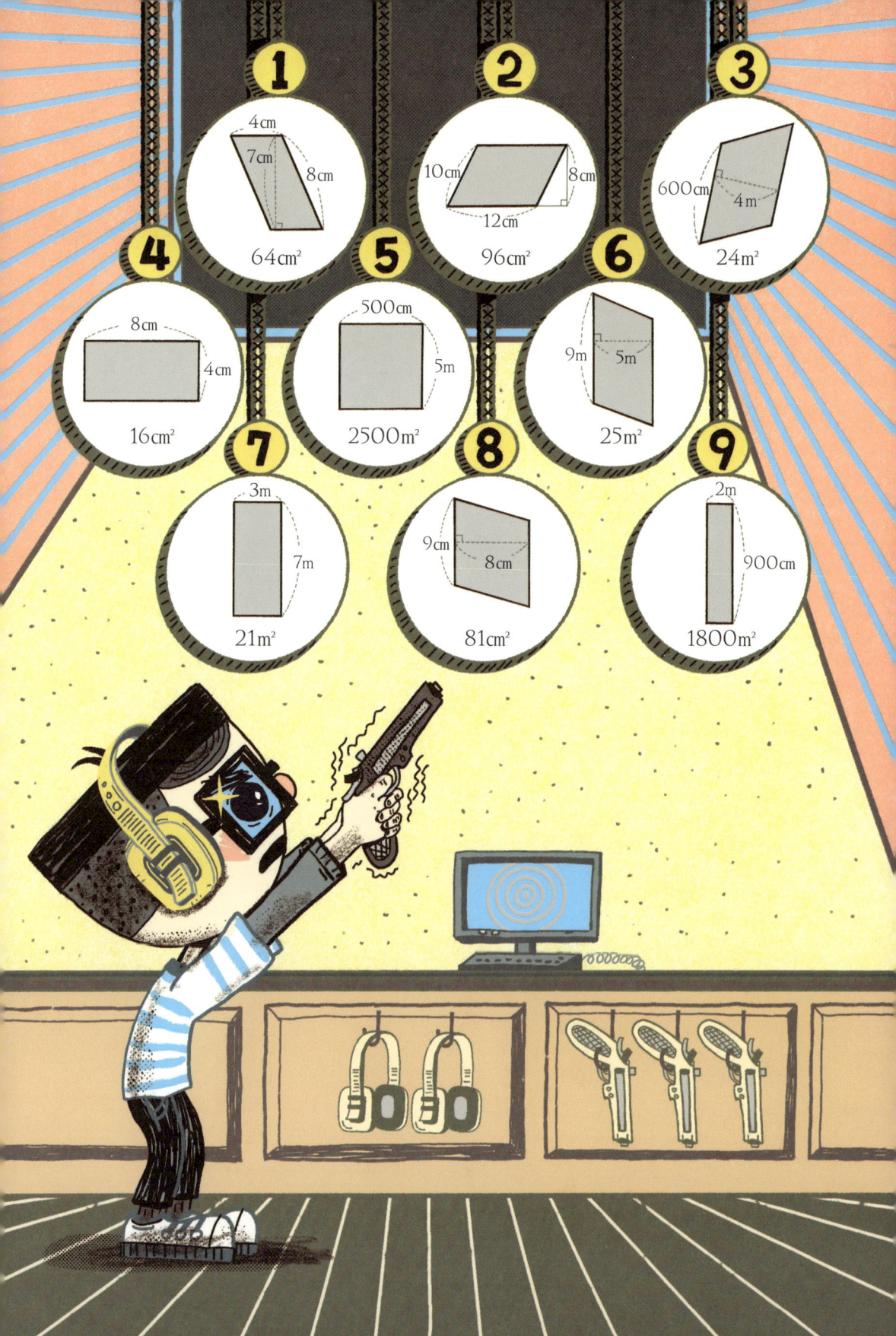

를 당겼어요. 땅! 소리와 함께 총알에 맞은 ②번 원판이 흔들거렸어요.

"휴, 정말 아슬아슬했네."

수리안은 안도의 한숨을 내쉬며 가슴을 쓸어내렸어요. 빙고판의 사격장 칸에는 곧바로 ○ 표시가 떴지요.

"이제 바이킹과 회전목마 문제만 맞히면 빙고 완성이야. 어디로 가지?"

수리안은 가까운 회전목마로 향했어요. 그런데 그곳에서 누군가 퀴즈를 풀고 있었어요. 수리안이 누구인지 살펴보았더니, 김나운이었지요.

"에잇, 김나운이잖아. 제발 틀려라, 제발 틀려."

그러나 수리안의 간절한 바람과 달리 김나운은 여유롭게 성공했어요. 곧이어 수리안의 태블릿에 딩동 소리가 나며 회전목마 칸에 ×가 표시되었지요. 김나운은 수리안을 보자, 환하게 웃으며 말을 걸었어요.

"오, 수리안! 잘 되고 있어? 난 이제 한 문제만 성공하면 빙고 완성이야. 너도 힘내!"

김나운은 수리안의 속도 모르고 수리안에게 파이팅을 외친 뒤

뛰어갔어요.

"아니, 저 녀석은 정말 생각이 있는 거야, 없는 거야? 자기가 내 계획을 엉망으로 만들어 놓고 나 보고 힘내라고? 진짜 어이가 없네."

김나운 때문에 계획이 틀어진 수리안은 심각한 얼굴로 빙고 판만 뚫어지게 쳐다보았어요.

# 수리안의 개념 쏙쏙 | 다각형의 둘레와 넓이

정다각형의 둘레

삼각형, 사각형, 오각형 등 3개 이상의 선분으로 둘러싸인 도형을 통틀어서 다각형이라고 해. 그중에서 변의 길이와 각의 크기가 모두 같은 다각형을 정다각형이라고 하지.

다각형의 둘레를 구하려면 도형의 각 변 길이를 모두 합하면 돼. 왜냐하면 둘레란 사물의 가장자리나 도형의 테두리를 한 바퀴 돈 길이를 뜻하기 때문이야. 예를 들어 변의 길이가 4cm, 6cm, 9cm인 삼각형의 둘레는 4+6+9=19cm가 되겠지.

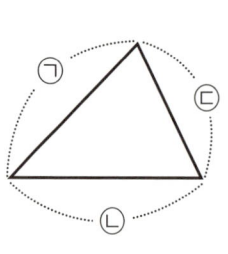
삼각형 둘레
=㉠+㉡+㉢

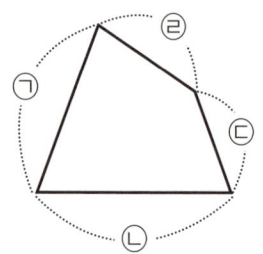
사각형 둘레
=㉠+㉡+㉢+㉣

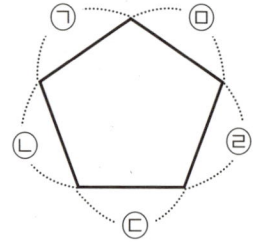
오각형 둘레
=㉠+㉡+㉢+㉣+㉤

그럼 변의 길이가 모두 같은 정다각형의 둘레는 어떻게 구할까? 한 변의 길이가 5cm인 정삼각형 둘레의 길이는 5+5+5=5×3=15cm로 구해. 즉, 정삼각형 둘레의 길이는 (한 변의 길이)×3과 같아. 이처럼 (정다각형의 둘레)=(한 변의 길이)×(변의 수)로 구할 수 있어.

변의 길이만 알면 정다각형의 둘레는 쉽게 알 수 있어.

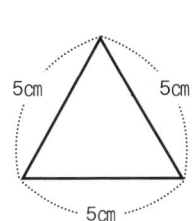
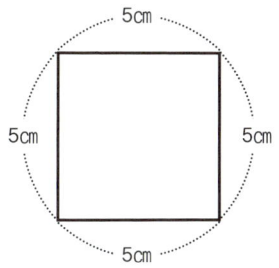

정삼각형 둘레
=5+5+5=5×3=15cm

정사각형 둘레
=5+5+5+5=5×4=20cm

넓이의 단위

넓이의 단위를 사용할 때에는 항상 일정한 단위를 사용해야 해. 보통 한 변의 길이가 1cm인 정사각형의 넓이를 단위로 사용하는데, 이 정사각형의 넓이를 $1cm^2$라 쓰고 1제곱센티미터라고 읽어. cm^2보다 더 큰 넓이의 단위로는 한 변의 길이가 1m인 정사각형의 넓이를 사용하는데, $1m^2$라 쓰고 1제곱미터라고 읽지. 넓이를 cm^2로 나타내면 m^2보다 정확하게 나타낼 수 있고, 넓이를 m^2로 나타내면 큰 넓이를 좀 더 편리하게 나타낼 수 있어.

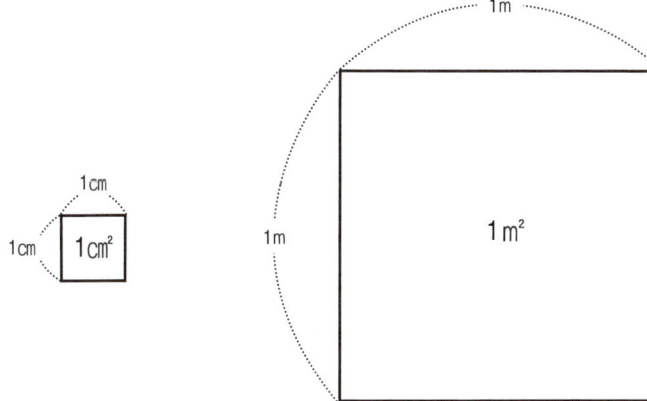

그럼 1m²는 몇 cm²일까? 넓이가 1cm²인 정사각형은 한 변의 길이가 1cm이고, 넓이가 1m²인 정사각형은 한 변의 길이가 1m야. 즉, 넓이가 1m²인 정사각형에는 넓이가 1cm²인 정사각형이 한 줄에 100개씩 100줄이 들어가. 따라서 1m²=100×100=10000cm²야.

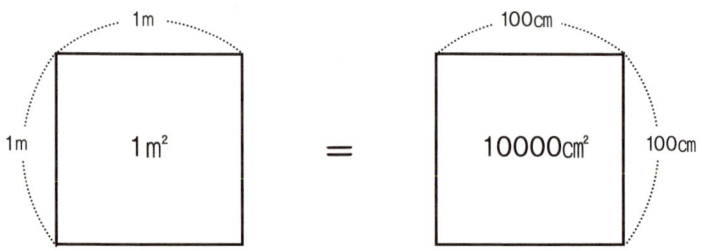

직사각형의 넓이

직사각형과 정사각형의 넓이를 구할 때에는 모눈 1개의 넓이가 1cm²인 모눈종이에 그린 다음 각각 모눈의 개수를 세면 돼. 아래 그림에서 왼쪽의 직사각형은 전체 모눈의 개수가 7×3=21개이므로 넓이는 21cm²가 돼. 여기에서 (직사각형의 넓이)=(가로)×(세로)임을 알 수 있어.

오른쪽의 정사각형은 전체 모눈의 개수가 3×3=9개이므로 넓이는 9cm²가 돼. 정사각형은 네 변의 길이가 같으므로 (정사각형의 넓이)=(한 변의 길이)×(한 변의 길이)라고 할 수 있어.

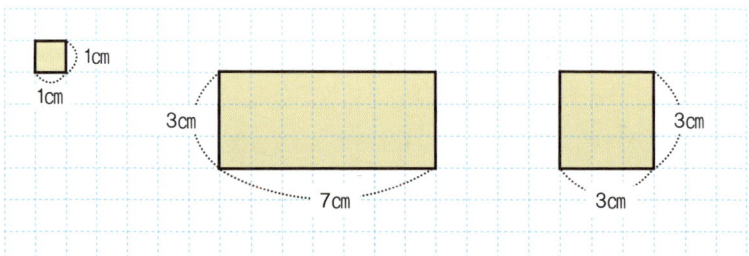

평행사변형의 넓이

평행사변형은 마주 보는 두 쌍의 변이 서로 평행인 사각형을 말해. 평행사변형에서 평행한 두 변을 '밑변'이라 하고, 두 밑변 사이의 거리는 '높이'라고 하지.

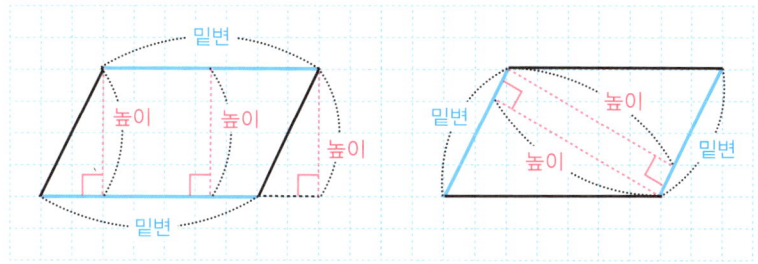

평행사변형의 넓이를 구하는 방법은 다른 도형으로 바꾸면 쉽게 알 수 있어. 모눈종이에 평행사변형을 그리고 밑변과 높이를 표시해. 그다음에 가위로 높이를 따라서 잘라 두 도형을 붙이면 직사각형이 돼. 평행사변형의 밑변과 높이가 각각 직사각형의 가로와 세로가 됨을 알 수 있지. (직사각형의 넓이)=(가로)×(세로)니까 (평행사변형의 넓이)=(밑변의 길이)×(높이)가 돼.

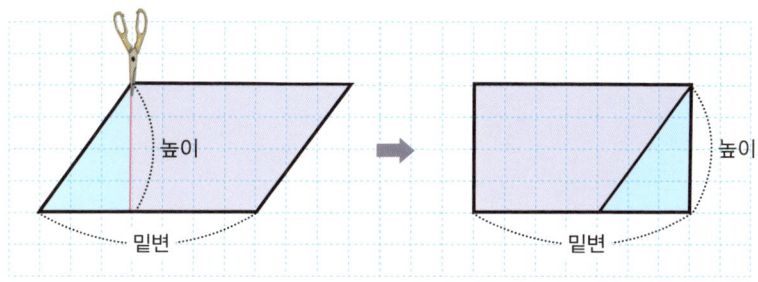

제 4 장
최종 승자는?

"어떡하지? 가로줄 빙고를 못 하게 됐으니, 세로줄이나 대각선 빙고를 해야 하는데."

수리안은 빙고 판을 보며 고민하기 시작했어요.

"범퍼카는 급류 타기와 연결해서 세로줄만 가능하지만 귀신의 집은 급류 타기와 사격장과도 연결할 수 있어. 게다가 범퍼카는 쉬워서 아이들이 많이 몰릴지도 몰라. 좀 무섭겠지만, 귀신의 집으로 가자. 여기엔 아이들이 없을 거야."

수리안은 귀신의 집으로 향했어요. 그랬더니 정말 수리안의 예상대로 아무도 없었지요.

"오, 역시 탁월한 선택이었어. 후훗!"

수리안이 귀신의 집에 들어가자, 태블릿에 문제가 떴어요.

귀신의 집

● 귀신들이 내는 4개의 문제를 듣고 맞으면 ○, 틀리면 X를 정답 칸에 입력하세요. 각 문제당 제한 시간은 1분입니다.

● 시간 초과나 오답일 경우, 벌칙으로 옥상으로 이어지는 계단 200개를 오르내리면 재도전할 수 있습니다.

수리안은 마음을 단단히 먹고 귀신의 집으로 들어갔어요. 어두컴컴한 데다 사방에서 비명까지 들리자, 온몸에 소름이 쫙 돋았지요. 수리안은 어둑어둑한 복도를 조심스레 걸었어요. 걸을 때마다 삐거덕삐거덕 기분 나쁜 소리가 들렸어요.

"등골이 섬뜩한데? 정신 바짝 차려야겠어."

그때였어요. 수리안 옆으로 무언가 비척비척 다가왔어요.

"히이익!"

곁눈질한 수리안이 놀라서 괴상한 비명을 질렀어요. 눈에 핏발이 곤두서고, 입과 코에서 피가 줄줄 흐르는 좀비였어요. 좀비는 수리안의 눈앞에 3:2라고 쓰인 종이를 갖다 댔어요.

수리안은 애써 정신을 가다듬고 말했어요.

"이 문제는 '비'에 대해 알면 풀 수 있어. 비는 두 수를 나눗셈으로 비교하기 위해 기호 :을 사용하여 나타낸 거야. 이 문제는 두 수의 비를 읽는 여러 가지 방법 중 하나로 답은 ○야. 정답을 입력했으니까 따라오지 마세요."

수리안은 잰걸음으로 그곳을 벗어났어요. 그런 수리안의 앞을

누군가 가로막았어요. 무시무시한 저승사자였지요. 저승사자도 3:2라고 쓰인 종이를 내밀며 낮은 목소리로 말했어요.

이것은 '3에 대한 2의 비'라고 읽는다. ○일까, ✕일까? 틀리면 나랑 같이 저승으로 가는 거다.

수리안은 자신도 모르게 무서움에 몸을 부르르 떨면서도 열심히 머리를 굴렸어요.

"3:2는 3과 2의 비, 3의 2에 대한 비, 2에 대한 3의 비라고 읽어야 해. 정답은 ✕야. 저는 같이 안 갈 거예요. 저리 가요!"

수리안은 재빨리 답을 입력한 뒤 머리카락이 휘날리게 도망쳤어요. 저승사자가 보이지 않는 곳에서 숨을 몰아쉬고 있는데, 갑자기 드라큘라가 망토를 휘날리며 나타났어요. 드라큘라가 씩 웃자, 뾰족한 송곳니가 드러났지요. 수리안은 저도 모르게 풀썩 주저앉았어요.

수리안은 주저앉은 채 오들오들 떨면서 답을 생각해 나갔어요.
"비 3:2에서 오른쪽에 있는 2가 기준량, 왼쪽에 있는 3이 비교하는 양이니까, 답은 ×야. 제 피는 맛없어서 모기도 안 물어요. 오지 마세요!"

수리안은 정답을 입력한 뒤, 목을 감싸고 뒷걸음으로 물러났어요. 어느덧 수리안은 출구를 향해 나아갔지요. 긴장한 수리안이 침을 꼴깍 삼키는 순간, 긴 머리를 풀어헤치고 하얀 소복을 입은 여자 귀신이 나타났어요. 수리안은 사레들린 나머지 기침을 심하게 했어요.

"켁켁, 콜록콜록! 으악, 진짜 무서워!"

내 한을 풀어 줘.
비 3:2를 비율로 나타내면
$\frac{3}{2}$이다. ○일까, ×일까?

"콜록. 기준량에 대한 비교하는 양의 크기를 '비율'이라고 하는데, (비율)=(비교하는 양)÷(기준량)이므로 정답은 ○야. 한은 다른 사람에게 풀어 달라고 하세요."

수리안이 기침을 계속하며 마지막 문제의 답을 입력하고 출구를 향해 달아났어요. 수리안은 창백한 얼굴로 귀신의 집을 나오며 고개를 절레절레 흔들었어요. 그때 빙고 판의 귀신의 집 칸에 ○ 표시가 뜨더니, 곧이어 미로 정원 칸에 × 표시가 나왔어요.

"이런! 미로 정원을 갈 수 없으니까 대관람차와 롤러코스터 문제만 맞혀서 세로줄을 완성할 수밖에 없어. 대관람차 도전!"

수리안은 호기롭게 외치며 달려갔어요. 다행히 대관람차에는 아무도 없었지요. 그런데 숨을 몰아쉬며 태블릿에 뜬 문제를 보던 수리안의 얼굴이 일그러졌어요.

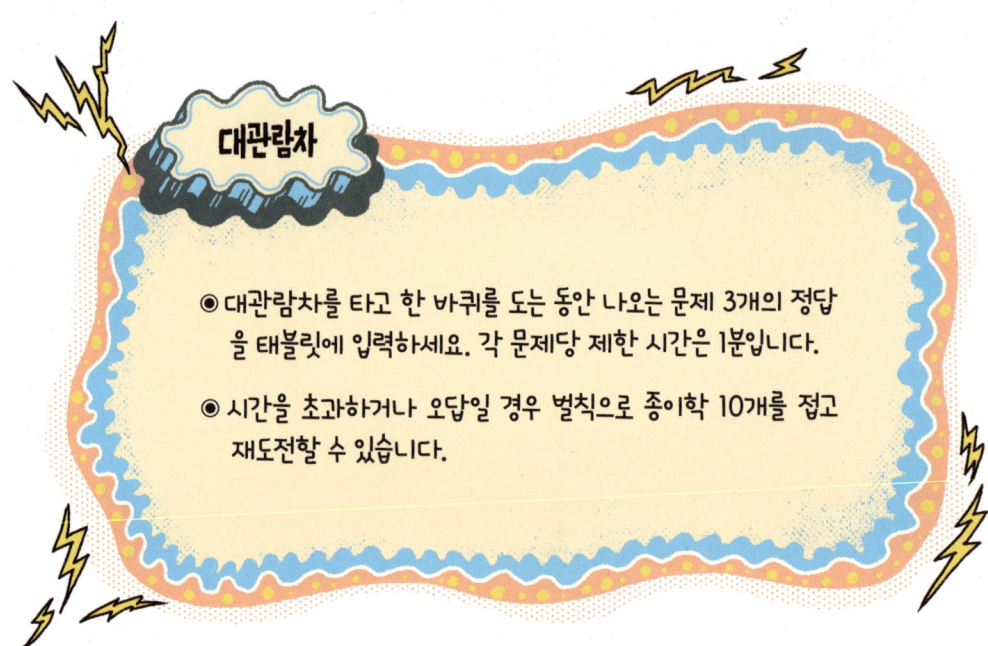

대관람차

● 대관람차를 타고 한 바퀴를 도는 동안 나오는 문제 3개의 정답을 태블릿에 입력하세요. 각 문제당 제한 시간은 1분입니다.

● 시간을 초과하거나 오답일 경우 벌칙으로 종이학 10개를 접고 재도전할 수 있습니다.

"어떡하지? 대관람차를 타야 하는 줄은 알았지만 막상 와서 보니 너무 높은데."

수리안은 울상이 되었어요. 수리안은 높은 곳에 있으면 떨어질 것 같은 생각이 드는 고소 공포증이 있기 때문이에요. 수리안이 주저하는 동안 시간은 계속 흘러갔어요. 그때였어요. 나우리가 대관람차 앞에 도착했지요.

"수리안, 왜 안 타고 있어? 아, 고소 공포증 때문이구나."

나우리가 안타까운 얼굴을 하자, 수리안이 우울한 목소리로 대답했어요.

"아무래도 못 하겠어. 난 포기할 테니까 네가 도전해."

그러자 잠시 생각하던 나우리가 딱 하고 손가락을 튕기며 말했어요.

"네가 먼저 왔는데, 그럴 수는 없지. 수리안, 대관람차를 타고 한 바퀴 도는 동안 아래는 안 보고 위만 쳐다보는 건 어때?"

"좋은 생각이긴 한데, 내가 할 수 있을까?"

"당연하지. 난 네가 도전하는 동안 다른 놀이기구로 가 볼게. 수리안, 힘내!"

나우리는 수리안에게 용기를 불어넣어 준 뒤, 다른 놀이기구로 달려갔어요. 수리안은 용기를 내어 대관람차에 올라탔어요. 대관람차는 서서히 위로 올라가기 시작했지요. 수리안은 고개를 약간 들고 위쪽만 바라보았어요. 조금 무섭기는 했지만 대관람차가 천천히 움직이는 바람에 참을 만했지요.

"헤헤. 생각보다 괜찮은걸."

수리안의 입가에 슬며시 미소가 떠올랐어요. 대관람차가 한 바퀴의 3분의 1쯤 되는 지점에서 멈추더니, 태블릿 화면에 첫 번째 문제가 나왔어요.

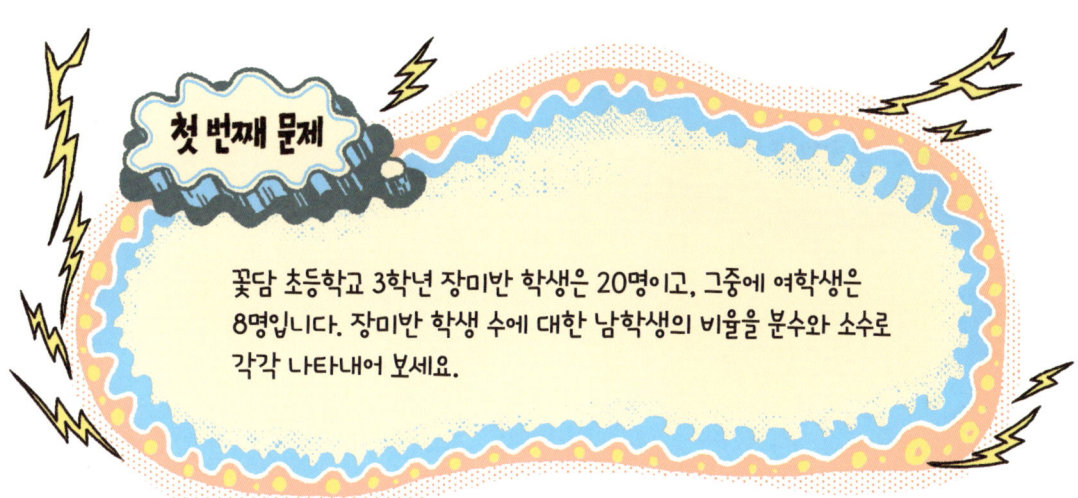

"장미반 학생 수는 20명, 그중 여학생은 8명이니까 남학생의 수는 20-8=12명이야. 따라서 장미반 학생 수에 대한 남학생 수의 비는 12:20이야. 12:20을 비율로 나타내면 분수로는 $\frac{12}{20}\left(=\frac{3}{5}\right)$이고, 소수로는 0.6이야."

수리안은 자신 있게 답을 입력하자, 대관람차가 다시 움직이기 시작했어요. 여유가 생긴 수리안은 무심코 아래쪽으로 눈길을 돌렸어요. 그러자 땅에 있는 건물들이 까마득하게 보였지요. 수리안은 갑자기 오금이 저렸어요. 얼굴도 점점 창백해졌지요. 때마침 대관람차는 가장 높은 곳에 다다랐어요. 수리안이 고통스러운 신음을 내는 순간, 대관람차가 멈추고 태블릿 화면에 두 번째 문제가 나타났어요.

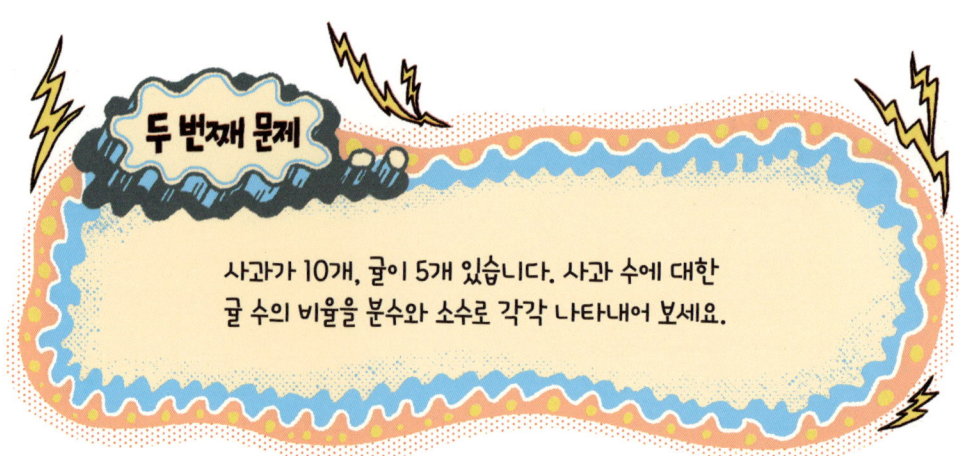

두 번째 문제

사과가 10개, 귤이 5개 있습니다. 사과 수에 대한 귤 수의 비율을 분수와 소수로 각각 나타내어 보세요.

얼굴빛이 새파래진 수리안은 두 눈을 감고 머릿속으로 문제를 풀었어요.

"사과가 10개, 귤이 5개이니까 사과 수에 대한 귤 수의 비는 5:10이야. 비 5:10을 비율로 나타내면 $\frac{5}{10}(=\frac{1}{2})$ 또는 0.5야."

그런데 수리안은 문제를 다 풀고도 고소 공포증 때문에 눈을 뜨지 못했어요. 째깍째깍, 시간은 계속 흘렀지요. 마침내 "10초 남았습니다."라는 말이 들려왔어요. 수리안은 간신히 실눈을 뜨고 답을 입력했어요. 수리안은 안도의 한숨을 내쉬었어요.

"후유, 이제 절대 아래쪽은 쳐다보지 말아야지."

대관람차는 이제 가장 높은 곳을 지나 아래쪽을 향해 움직이고 있었어요. 그때 마지막 문제가 나왔어요.

세 번째 문제

방패연의 가로에 대한 세로의 비율을 분수와 소수로 각각 나타내어 보세요.

수리안은 정신을 집중해서 문제를 풀었어요.

"기준량은 가로이고, 비교하는 양은 세로이니까, 가로에 대한 세로의 비는 45:30이야. 비 45:30을 비율로 나타내면 $\frac{45}{30}\left(=\frac{3}{2}\right)$ 또는 1.5야."

수리안이 답을 입력하자, 대관람차가 서서히 움직이며 땅에 도착했어요. 그러자 빙고 판의 대관람차 칸에 ○ 표시가 떴지요.

"됐어! 이제 롤러코스터만 성공하면 세로줄 빙고 완성이야!"

수리안은 있는 힘을 다해 롤러코스터로 달렸어요. 그런데 롤러코스터에 도착하기 직전 수리안의 태블릿에서 딩동 소리가 나더니, 범퍼카 칸에 × 표시가 되었어요.

"헤헤. 역시 귀신의 집을 선택하길 잘했어. 어, 최고수네?"

롤러코스터 앞에 있는 최고수의 모습이 보였어요. 수리안보다 먼저 도착한 최고수가 롤러코스터에 도전했지요.

"앗! 큰일이네. 쟤가 맞히면 난 진짜 끝장인데."

수리안은 최고수의 모습을 조마조마한 마음으로 지켜보았어요. 최고수가 탄 열차는 굉음과 함께 경사진 레일 위를 오르내렸지요. 최고수는 "으아, 사람 살려!" 하고 놀이동산이 떠나가라 소리를 질렀어요.

"저렇게 비명만 지르면 문제는 언제 풀지?"

수리안이 고개를 갸웃거리는데, 어느새 열차에서 내린 최고수가 짜증을 냈어요.

"무서워서 눈을 뜰 수도 없는데, 어떻게 문제를 풀라는 거야? 말도 안 돼!"

최고수가 실패하자 수리안의 얼굴에 함박웃음이 차올랐어요. 이제 수리안의 차례가 되었지요. 수리안은 심호흡을 크게 하고 태블릿에 나온 문제를 보았어요.

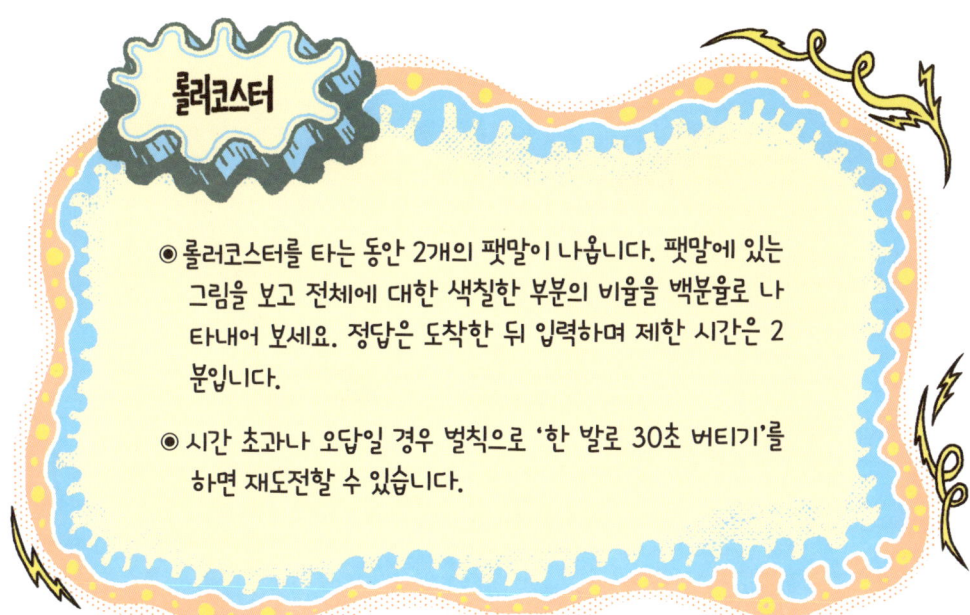

수리안은 얼른 열차에 올라탔어요. 열차는 끼익끼익 기분 나쁜 쇳소리를 내며 높이 올라갔지요. 수리안의 가슴이 긴장감에 두근두근 뛰었어요. 이윽고 열차가 귀를 찢는 듯한 소리를 내며 아래로 곤두박질쳤어요.

"으악! 아이고, 나 죽네!"

수리안은 비명을 지르면서도 힘겹게 눈을 떴어요. 그때 열차가 빠른 속도로 팻말을 지나쳐 갔어요.

"아, 보인다! 보여!"

수리안은 빠르게 아래로 떨어지는 구간에 있는 팻말과 급격하게 휘어지는 회전 구간에 있는 팻말을 간신히 볼 수 있었어요. 출발지로 되돌아온 수리안은 쉴 틈도 없이 문제를 풀었어요.

"백분율은 기준량을 100으로 할 때의 비율이야. 기호는 %(퍼센트)를 사용해 나타내는데, 비를 백분율로 나타낼 때에는 비율을 소수나 분수로 나타내고 100을 곱한 다음 %를 붙이면 돼. 첫 번째 문제는 전체 10에 대해 색칠한 부분이 8이니까 $\frac{8}{10} \times 100 = 80\%$, 두 번째 문제는 전체 4에 대해 색칠한 부분이 3이니까 $\frac{3}{4} \times 100 = 75\%$야."

답을 입력한 수리안은 가슴을 두근두근하며 빙고 판을 지켜보았어요. 잠깐의 시간이 너무나도 길게 느껴졌지요. 얼마나 지났을까? 빙고 판의 롤러코스터 칸에 ○ 표시가 떴어요.

"야호, 세로줄로 빙고 완성이다."

수리안은 환호성을 터트렸어요. 곧이어 휴게실에서 대기하라는 안내문이 떴어요. 수리안은 싱글벙글 웃으며 휴게실로 향했지요. 휴게실에 도착하니 간식을 먹고 있는 김나운이 보였어요.

"오, 수리안! 웬일이야? 오늘 컨디션이 아주 좋은 모양인데. 네가 2등이야."

　김나운이 수리안의 빙고 판을 보며 수리안을 칭찬했어요. 수리안은 어색한 웃음을 지었지요. 하지만 수리안은 회전목마에서 김나운보다 자신이 먼저 성공했더라면 1등을 했을 거라는 생각이 들자, 분한 마음이 들었어요. 마음을 가라앉히며 휴식을 취하던 수리안은 시간이 지날수록 안절부절 어쩔 줄을 몰랐어요. 벌써 빙고를 완성했어야 할 나우리가 아직 오지 않았기 때문이에요. 그때 아이수가 휴게실로 직접 들어왔어요.

　"축하합니다. 여러분은 노멀 스테이지를 통과하여 하드 스테이지에 나갈 자격이 주어졌습니다. 마지막 도전자가 휴게실에 곧 도착할 예정이니 반갑게 맞아 주세요."

"와, 아이스맨을 직접 보니, 느낌이 다른데."

김나운이 신기한 표정으로 아이수를 살펴보았어요. 그렇지만 수리안은 초조한 표정으로 휴게실 문만 바라보았지요. 그때 휴게실 문이 열렸어요. 수리안은 나우리가 들어오기를 기대하며 눈을 동그랗게 떴어요. 그런데 안타깝게도 휴게실 문을 열고 들어온 아이는 최고수였어요.

"어, 어떡해. 나우리가 떨어지다니……. 다 나 때문이야."

수리안이 울먹울먹하며 중얼거렸어요. 잠시 뒤에 나우리가 숨을 몰아쉬며 휴게실로 들어왔어요. 나우리는 안에 있는 세 명을 보고 자신이 4위임을 깨달았지요.

"헉헉, 너희들은 벌써 통과했구나. 근데 3위까지 통과라고 했으니까 난 떨어졌나 보네."

수리안은 아무 말도 하지 못하고 눈물만 글썽일 뿐이었어요. 잠시 후, 경기를 끝낸 모든 참가자가 한자리에 모였어요. 그러자 아이수가 노멀 스테이지 참가자들의 최종 순위를 발표했어요.

"모두 고생하셨습니다. 하드 스테이지에 나갈 3인은 김나운, 수리안, 최고수로 결정되었습니다. 축하합니다."

김나운은 어깨를 으쓱했고, 최고수는 환하게 웃으며 좋아했어

요. 하지만 수리안은 미안한 얼굴로 나우리를 쳐다보았지요. 나우리는 수리안의 어깨를 툭 치며 말했어요.

"수리안, 왜 그런 우중충한 표정을 짓고 있어? 내가 실력이 부족해서 떨어진 거야. 나는 괜찮으니까 김나운과 힘을 합쳐서 꼭 우승해. 알았지?"

수리안은 울 것 같은 표정으로 고개를 끄덕끄덕했어요. 아이수

가 이후의 진행 상황에 대해 설명했어요.

"하드 스테이지는 전국 대회이므로 오늘 뽑힌 세 사람은 한 팀이 되어 출전합니다. 저는 감독관으로 같이 가지요. 하드 스테이지는 수학 실력, 체력, 추리력, 사고력 이외에도 협동심과 인성까지 측정하기 때문에 훨씬 어려운 게임이 될 것입니다. 그럼, 행운을 빌겠습니다."

아이수가 말을 마쳤어요. 그때였어요. 갑자기 아이수에게 전화가 걸려왔어요. 전화를 받은 아이수의 얼굴빛이 점점 붉으락푸르락해지더니 버럭 소리를 질렀어요.

"뭐라고? 그게 사실이야?"

아이들은 쥐 죽은 듯 조용해졌어요. 전화를 끊은 아이수는 아이들에게 날벼락 같은 소식을 전했어요.

"문제를 풀 때 휴대폰을 사용하는 건 반칙입니다. 왜 그런지는 모두 알죠? 그런데 조금 전, 이런 부정을 저지른 사람이 있는 것으로 밝혀졌습니다."

아이수는 아이들에게 사진 한 장을 보여 주었어요. 이럴 수가! 사진에는 거울의 집에서 휴대폰을 사용해 문제를 푸는 최고수의 모습이 담겨 있었어요. 그러자 방귀 뀐 놈이 성낸다고, 오히려 최고수가 화를 냈어요.

"앗! 비겁하게 몰래카메라를 숨겨 놓다니, 치사해요."

"무슨 소리를 하는 거죠? 그곳은 원래 기념사진을 찍는 구간이에요."

아이수가 냉정한 말투로 말했어요. 그 말에 최고수는 울먹울먹하더니 실토했어요.

"죄송해요. 문제가 너무 어려워서 학원 선생님의 도움을 받았어요."

그 말을 들은 아이수가 단호한 목소리로 말했어요.

"반칙을 한 최고수는 실격입니다. 그래서 4위인 나우리가 하드 스테이지에 나갈 대표로 결정되었습니다."

아이수의 선언에 수리안과 나우리는 함성을 지르며 펄쩍펄쩍 뛰었어요.

"우아! 이거 꿈 아니지? 어떻게 이런 일이 생기지? 믿을 수가 없어."

김나운도 환한 눈웃음을 지었어요. 그 모습을 지켜본 아이수도 웃으며 말했어요.

"약간 불미스러운 일이 있긴 했지만, 진심으로 축하합니다. 내가 축하하는 뜻에서 '축하'로 이행시를 지을 테니 운을 띄워 주겠어요?"

아이들은 서로 눈짓을 하며 싫은 표정을 지었지만, 어쩔 수 없이 운을 띄웠어요.

"축!"

"축하해요. 노멀 스테이지를 통과한 여러분!"

"하!"

"하지만 하드 스테이지는 장난이 아니거든? 각오해야 할걸? 하하하."

아이수의 썰렁한 이행시에 아이들은 피식 웃고 말았어요. 그때 김나운이 수리안과 나우리에게 슬쩍 다가오며 말했어요.

"이제 우리 한 팀이네. 같이 잘해 보자."

"당연하지. 그럼 우리 팀의 우승을 위해 외쳐 볼까?"

나우리의 제안에 세 사람은 큰 소리로 파이팅을 외쳤어요. 수리안은 김나운과 손바닥을 마주치며 묘한 기분에 사로잡혔어요.

'김나운과 같은 팀이 된다는 건 싫으면서도 좋아. 다방면에서 능력이 뛰어난 김나운과 함께하면 하드 스테이지도 해볼 만할 것 같거든. 이러다 정말 우승하는 거 아냐? 후훗!'

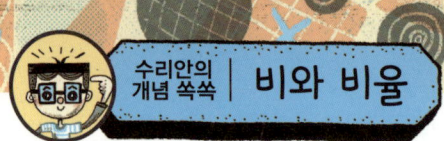

두 수를 비교할 때에는 '비'

TV에 나온 요리사가 맛있는 요리를 만드는 비법이라며 이런 말을 하는 경우가 있어.

여기서 7:1이나 2:1처럼 두 수를 나눗셈으로 비교하기 위해 기호 :을 사용하여 나타낸 것을 '비'라고 해. 두 수 3과 2를 비교할 때 3:2라 쓰고 '3 대 2'라고 읽지. 3과 2의 비, 3의 2에 대한 비, 2에 대한 3의 비라고도 읽어. 이때 기호 :의 오른쪽에 있는 2를 '기준량', 왼쪽에 있는 3을 '비교하는 양'이라고 해. 그럼 2:3은 어떨까? 2:3은 3:2와 비슷하지만, 두 비는 전혀 달라. 2:3에서는 3이 기준량, 2가 비교하는 양이기 때문이지.

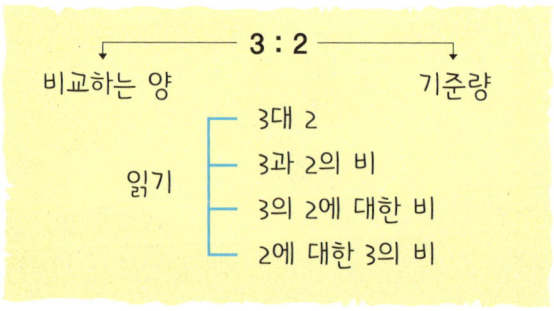

두 수의 비를 분수로 나타낼 때에는 비율

두 수의 비에서 기준량에 대한 비교하는 양의 크기를 '비율'이라고 해. 기호 :을 사용하지 않고 기준량과 비교하는 양을 분수나 소수로 나타내어 비교하지. 예를 들어 비 10:20을 비율로 나타내면 $\frac{10}{20}(=\frac{1}{2})$ 또는 0.5가 돼.

$$(비율)=(비교하는 양)\div(기준량)=\frac{비교하는 양}{기준량}$$

위의 식은 또 아래와 같은 식으로 바꿀 수 있어. 따라서 비율, 기준량, 비교하는 양 가운데 어느 두 가지만 알면 나머지 한 가지를 알 수 있지.

$$(비율)=\frac{(비교하는 양)}{(기준량)}$$ $$(비교하는 양)=(비율)\times(기준량)$$
$$(기준량)=(비교하는 양)\div(비율)$$

기준량이 100인 백분율

'백분율'은 기준량을 100으로 할 때의 비율을 말해. 기호 %를 사용하여 나타내고, '퍼센트'라고 읽지. 예를 들어 기준량을 100으로 두었을 때 85만큼 차지하는 비율 $\frac{85}{100}$는 85%라고 하고, 85퍼센트라고 읽어.

$\frac{1}{100}=1\%$ $\quad\quad\quad \frac{85}{100}=85\%$

그럼 백분율을 구하는 방법에 대해 알아볼까? 예를 들어 비 2:5의 비율은 $\frac{2}{5}$야. 이걸 백분율로 나타내려면 기준량 5를 100으로 만들어야 해. 백분율은 기준량을 100으로 했을 때 비교하는 양의 비율이라고 했잖아? 따라서 5에 20을 곱하면 돼. 즉, 백분율은 다음과 같아.

$$\frac{2}{5} = \frac{2 \times 20}{5 \times 20} = \frac{40}{100}$$

기준량 100에 대한 비교하는 양이 40이니까, 백분율은 40%야. 쉽게 말해 백분율을 구할 때에는 비율을 소수나 분수로 나타낸 다음 100을 곱해서 나온 값에 기호 %를 붙이면 돼.

$$백분율 = \frac{비교하는 양}{기준량} \times 100$$

백분율과 기준량

백분율에서는 기준량이 중요해. 백분율이 같아도 기준량이 다르면 비교하는 양도 달라지거든. 따라서 비교하는 양을 구하는 공식은 아래와 같아.

$$비교하는 양 = \frac{백분율}{100} \times 기준량$$

백분율을 이용해서 비교하는 양을 구하는 일은 일상생활에서도 많이 사용돼. 예를 들어 필통에 '30% 할인'이라고 붙어 있다면, 필통 값을 100으로 두었을 때 30만큼 깎아 준다는 뜻이야. 그런데 같은 30% 할인이라도 비교하는 양, 즉 깎아 주는 값은 기준량에 따라 달라. 만약 A 필통 값은 1000원, B 필통 값은 2000원이라면 30% 할인으로 깎아 주는 값은 아래와 같아.

> A 필통의 할인 금액은 $\frac{30}{100} \times 1000 = 300$원
>
> B 필통의 할인 금액은 $\frac{30}{100} \times 2000 = 600$원

따라서 A 필통은 700원, B 필통은 1400원에 살 수 있지. 할인된 물건을 살 때에는 물건값에 붙어 있는 원래 가격과 할인율을 미리 생각해서 계산해 보면 도움이 될 거야.

서바이벌 수학 게임 매스플레이
② 노멀 스테이지에서 살아남기

글 조인하 | 그림 김이랑 | 기획 이승남 | 제1판 제1쇄 발행 2025년 9월 15일 | 펴낸이 곽혜영 | 편집 박철주 | 외주편집 이승남 | 디자인 소미화 | 마케팅 권상국 | 관리 김경숙 | 펴낸곳 도서출판 산하 | 등록번호 제2020-000017호 | 주소 03385 서울특별시 은평구 연서로26길 27 | 전화 02-730-2680 | 팩스 02-730-2687 | 홈페이지 www.sanha.co.kr | 메일 sanha0501@naver.com

ⓒ 조인하, 김이랑, 이승남, 2025

ISBN 978-89-7650-622-1 74410 | ISBN 978-89-7650-620-7(세트)

이 책은 저작권법에 따라 보호받는 저작물이므로 무단 전재와 무단 복제를 금합니다.

어린이제품안전특별법에 의한 표시
품명 어린이 도서 **제조국** 대한민국 **사용연령** 8세 이상
KC마크는 이 제품이 공통안전기준에 적합하였음을 의미합니다.